STEPHAN KNÖSEL

JACKPOT

WER TRÄUMT, VERLIERT

Inhaltsverzeichnis

	Vorwort und Grußwort	2
I.	Bevor es losgeht	3
II.	Annäherung an die Lektüre	4
III.	Inhalt und erste Deutungen	6
	Schreibaufgabe »Zusammenfassendes Schreiben« – Inhaltsangabe	14
	Schreibaufgabe »Gestaltendes Schreiben« – Tagebucheintrag	15
	Schreibaufgabe »Gestaltendes Schreiben« – Innerer Monolog	21
IV.	Romanstruktur	34
V.	Techniken des Erzählens	35
VI.	Figuren und ihre Beziehungen	42
	Schreibaufgabe »Interpretierendes Schreiben« – Entwicklung einer Beziehung	44
VII.	Sprache und Stil	55
VIII.	Interpretationsaspekte	60
IX.	Autor, Text und Kritik	64
	Glossar	68

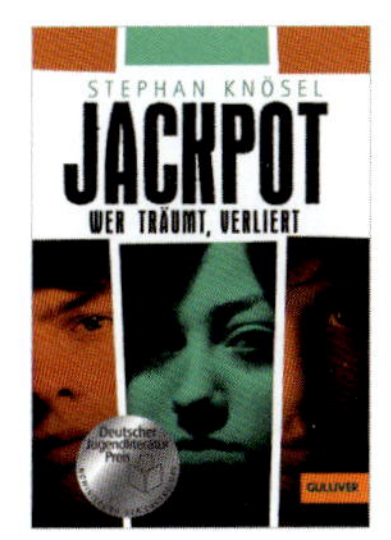

Der Zeilenmesser und die Seitenangaben in diesem Schülerarbeitsheft beziehen sich auf die Ausgabe mit der ISBN 978-3-407-74436-4. Die Bestellnummer des Krapp & Gutknecht Verlages lautet: TBJACKPOT.

Schülerarbeitsheft

von Thorsten Utter

Vorwort

Liebe Schülerin, lieber Schüler,

in diesem Schuljahr liest du das Jugendbuch *Jackpot – Wer träumt, verliert* von Stephan Knösel als Lektüre im Deutschunterricht. Der rasant erzählte Jugendkrimi mit seiner fesselnden Story lässt dich eintauchen in eine spannende Jagd um eine Beute von vier Millionen Euro, die aus dem Überfall auf einen Geldtransporter stammt. Die Auseinandersetzung mit dem Roman wirft zwangsläufig die Frage auf, wie du selbst handeln würdest, wenn dir unverhofft so viel Geld in die Hände fiele.

Das vorliegende Schülerarbeitsheft ist als Lesebegleiter gedacht, der dir helfen soll, den Roman besser zu verstehen. Mit diesem Heft kannst du den Inhalt des Romans Schritt für Schritt erschließen und so die Handlung leichter nachvollziehen. Während der Lektüre kannst du selbst zum Lesedetektiv werden und dich auf Spurensuche begeben. Dazu steht am Ende jedes Kapitels bzw. Leseabschnitts eine Rätselfrage zum Beantworten. Wenn du das Kreuzworträtsel zum Roman richtig löst, kommt auch ein Lösungswort heraus. Außerdem lernst du etwas über die eigenwillige erzähltechnische Gestaltung des Romans. Denn Knösels Erzählweise ist besonders, wie du beim Lesen der ersten Seiten des Romans bestimmt merken wirst. Natürlich beschäftigst du dich in einem extra Kapitel auch mit den wichtigsten Figuren und ihren Beziehungen untereinander. Da die Hauptfiguren vor allem Jugendliche sind, ist es interessant, einen Blick auf die im Buch verwendete Sprache zu werfen. Das Arbeitsheft lenkt deinen Blick außerdem auf Aspekte der Interpretation und du erfährst etwas über den Autor.

An einigen Stellen in diesem Arbeitsheft wird dir die Möglichkeit angeboten, Materialien kostenfrei aus dem Internet herunterzuladen. Die betreffenden Aufgaben sind mit einem Downloadsymbol gekennzeichnet. Darüber hinaus enthält dieses Heft einige Aufgaben, die als Wahlaufgaben ausgewiesen sind. Die Wahlaufgaben kannst du zusätzlich bearbeiten, sie dienen in erster Linie zur Wiederholung und Vertiefung. Manche dieser Aufgaben sind auch etwas kniffliger und fordern dich. Weil in dem Roman einige Begriffe und Fremdwörter vorkommen, die dir vielleicht weniger geläufig sind, findest du am Ende dieses Lesebegleiters ein Glossar mit Worterklärungen.

Bleibt mir nur noch, dir für die Beschäftigung mit dem Jugendbuch und das Arbeiten mit diesem Lesebegleiter viel Freude und Erfolg zu wünschen!

Thorsten Utter

Grußwort des Schriftstellers Stephan Knösel

Liebe Leserinnen und Leser,

als ich selber noch Schüler war, dachte ich meistens, wenn wir eine neue Schullektüre vorgesetzt bekamen: „Wenn der Typ da dieses Buch nicht geschrieben hätte, müsste *ich* jetzt keine Arbeit darüber schreiben!" Das war *einer* der Gründe, warum ich viele Jahre später mit dem Schreiben von Jugendbüchern anfing, weil ich mir selber als Schüler Bücher im Unterricht gewünscht hätte, die näher dran gewesen wären an meinem eigenen Leben.

Die Idee zu *Jackpot* hatte ich, als ich gerade Vater wurde. Damals waren wir ziemlich pleite und um Geld zu sparen, hörte ich mit dem Rauchen auf. Dafür fing ich an zu joggen – soll ja auch gesünder sein – und lief zum ersten Mal durch die Gegend, in der der Roman spielt: an Hochhäusern vorbei, durch verlassene Einkaufszentren – bis ich mich schließlich in einem Wald verlief und plötzlich am Seitenstreifen einer Autobahn stand. Ich hatte ganz schön Bammel, als die Wagen an mir vorbeirasten. Gleichzeitig hatte ich einen Einfall: Wie toll wäre es, wenn jetzt ein flüchtiger Bankräuber einen Unfall hätte, sein Auto direkt vor mir zum Stillstand käme, die Kofferraumklappe aufspränge – und ich mir die Beute nur noch herausnehmen müsste ... *dann* hätte ich keine Geldsorgen mehr!

Das ist zwar nicht passiert – aber dafür habe ich *Jackpot* geschrieben, was mir auch unglaublich viel Spaß gemacht hat. Ich hoffe sehr, dass euch die Arbeit mit dem Buch ebenfalls Spaß macht – und dass es euch nicht so geht wie mir als Schüler, der sich vor Urzeiten bei fast jeder neuen Schullektüre gedacht hat: „Wenn der Typ da dieses Buch nicht geschrieben hätte, ..." Aber egal! Ich drücke euch jedenfalls die Daumen beim Meistern eurer schulischen Herausforderungen und wünsche euch alles Gute – euer

Stephan Knösel

I. Bevor es losgeht

1. Symbole in diesem Heft

Dieser Lesebegleiter enthält eine Reihe von Symbolen am Rand, die dir helfen sollen, dich bei der Arbeit mit diesem Heft einfacher zu orientieren. Nachfolgend findest du eine kurze Erklärung der Symbole.

Symbolerklärungen

 **Nutze dein Deutschheft!**

 **Leseauftrag**

 **Sprechen**

 **Schreibaufgabe**

 **Darstellendes Spiel**

 **Rätselaufgabe**

 **Information/Wissen**

 **Merkliste**

 **Partnerarbeit**

 **Gruppenarbeit**

 **Diskussion**

 **Internetrecherche**

 **Downloadbereich**

Im Downloadbereich findest du verschiedene Materialien zu diesem Heft, z. B. auch das Lesezeichen von dieser Seite.
Um an die Downloadmaterialien zu gelangen, scanne einfach den QR-Code oder gib den Link in die Adresszeile deines Browsers ein.

Link:
http://kugverlag.de/shjackpot

2. Richtig zitieren – Zitierregeln kennen und anwenden

Wenn du im Deutschunterricht mit einer Lektüre arbeitest, ist es häufig notwendig, dass du Informationen aus dem Text zur Erläuterung oder Begründung heranziehst. Dabei ist es wichtig, dass du die Textstellen richtig zitierst, d. h. korrekt angibst, woher du die Informationen aus dem Buch hast. Dazu musst du einige Zitierregeln beherrschen. Beim Zitieren sind die *wörtliche Übernahme des Originaltextes* (direktes Zitieren) und die *sinngemäße Übernahme einer Textstelle* (indirektes Zitieren) zu unterscheiden.

***Hinweis:** Ein Merkblatt zu den wichtigsten Zitierregeln mit Beispielen kannst du dir im Downloadbereich herunterladen.*

3. Lesezeichen mit Zeilenmesser

Diese Lesehilfe soll dich während des Lesens begleiten und dir die Arbeit mit dem Buch erleichtern. Du kannst die Lesehilfe als Lesezeichen und Zeilenmesser verwenden. Die Zahlen rechts und links sind die Zeilennummern. Wenn du den Zeilenmesser an den Rand einer Buchseite anlegst, kannst du damit eine bestimmte Textstelle genau benennen, um dich dann mit deinen Mitschülern gezielt über einzelne Textstellen auszutauschen. Genaue Seiten- und Zeilenangaben benötigst du auch für das richtige Zitieren von Textstellen.

➲ **Aufgabe**
Schneide die Lesehilfe exakt aus. Ihre Rückseite kannst du nach deinen Vorstellungen gestalten. Wenn du die Möglichkeit hast, deine Lesehilfe anschließend zu laminieren, hast du länger Freude damit.

II. Annäherung an die Lektüre

Der Titel, das Titelbild (Cover) und der Klappentext eines Buches geben bereits erste Hinweise auf den Inhalt und natürlich sollen sie den Leser neugierig machen und Interesse für die Lektüre bei ihm wecken.

© 2018, Weinheim, Gulliver

Die erste Begegnung mit dem Jugendbuch – Titel, Titelbild und Klappentext

➲ Aufgabe

a) Betrachte das Cover des Romans zunächst genau und beschreibe es dann. Fülle dazu die Tabelle stichwortartig aus.

Was ist alles auf dem Cover abgebildet?	
Wie ist das Cover aufgebaut?	
Wie ist die Farbgestaltung des Covers?	
Welche Stimmung wird durch die Gestaltung des Covers erzeugt?	

Dieser Zeilenmesser (Rückseite) ist eingerichtet für die Ausgabe mit der ISBN 978-3-407-74436-4.

b) Der vollständige Titel von Stephan Knösels Jugendbuch lautet *Jackpot – Wer träumt, verliert.* Notiere deine Gedanken zu diesem Titel, z. B. was du mit dem Begriff *Jackpot* verbindest oder wie du den Untertitel *Wer träumt, verliert* verstehst. Tauscht euch anschließend in der Klasse über eure Assoziationen zum Romantitel aus.

c) Lies nun den Klappentext auf der Rückseite des Buchcovers. Welche Informationen erhältst du als Leser dort? Gibt es deiner Ansicht nach Zusammenhänge mit Details des zuvor beschriebenen Covers? Was erfährst du über den Jackpot?

d) Welche Erwartungen hast du an das Lesen des Jugendbuches und die Arbeit mit der Lektüre?

III. Inhalt und erste Deutungen

Im Folgenden beschäftigst du dich intensiv mit dem Inhalt der Lektüre, der für das Textverständnis wichtig ist. Es wird dabei kapitelweise vorgegangen, sodass du das Jugendbuch Stück für Stück lesen und die Aufgaben dazu bearbeiten kannst. Außer den inhaltlichen Fragen sind auch einige Schreibaufgaben enthalten, die erste Interpretationen (Deutungen) von dir verlangen.

Prolog

Das Jugendbuch beginnt auf den Seiten 5 und 6 mit den Gedanken einer zu diesem Zeitpunkt noch nicht bekannten Erzählerin. Aus ihrer Sicht wird die Begegnung mit einer weiteren männlichen Figur geschildert. Der Anfang dieses Romans unterscheidet sich von den folgenden Kapiteln erstens durch seine besondere Hervorhebung in kursiver Schrift und zweitens dadurch, dass er nicht wie die anderen Kapitel durch eine genauere Zeitangabe gekennzeichnet ist. Zum Aufbau des Romans und seiner besonderen Zeitstruktur lernst du noch etwas im vierten und fünften Kapitel deines Schülerarbeitsheftes.

Wissensbox

Ursprünglich stammen die beiden Begriffe Prolog und Epilog aus dem Theater, wo sie ein Vorspiel und ein Nachspiel darstellen, die die Dramenhandlung rahmen.

Als **Prolog** (von griechisch *prólogos*) bezeichnet man eine Art *Vorwort*, das der eigentlichen Romanhandlung vorangestellt ist und das die Einführung in ein literarisches Werk darstellt.

Im Gegensatz dazu handelt es sich bei einem **Epilog** (von griechisch *epílogos*) um ein *Nachwort*, das am Ende eines Romans steht und in dem ein Handlungsteil nachgeliefert wird, der sich meist nach Abschluss der eigentlichen Romanhandlung abspielt.

➲ Aufgabe

Bearbeite die Teilaufgaben a) bis g) zum Prolog des Romans. Antworte in vollständigen Sätzen.

a) In welcher Situation befindet sich die Erzählerin in dieser Textpassage (Textabschnitt)?

b) Beschreibe das Verhalten der männlichen Figur.

c) Wie reagiert die Erzählerin auf den Annäherungsversuch ihres Gegenübers?

d) Welchen Plan schmieden die beiden?

e) Stelle eine Vermutung an, in welcher Beziehung die beiden Figuren zueinander stehen könnten.

f) Weckt dieser Erzählanfang deine Neugier? Begründe deine Entscheidung.

g) Welche Fragen stellen sich dir jetzt, nachdem du den Prolog gelesen hast?

Rätselzeit – Der Lösung auf der Spur

1 waagerecht: *Was offenbart er ihr im Bad?*

Trage die Antwort in das Kreuzworträtsel ein. Das Kreuzworträtselfeld findest du auf Seite 33 in deinem Arbeitsheft. Wenn du alle Rätselfragen auf den folgenden Seiten richtig beantwortest, erhältst du als Lösungswort einen Begriff, der mit dem Roman zu tun hat.

1. Kapitel | 22. Dezember 15:43 Uhr

Aufgabe 1

a) Richtig oder falsch? Kreuze an.

Aussage	trifft zu	trifft nicht zu
❶ Chris und Phil Müller wohnen im Münchner Stadtteil ‚Schwabing'.		
❷ Chris wird Zeuge von Afrims Autounfall.		
❸ Der Fahrer des BMW verunglückt, weil er durch seinen Verfolger Afrim von der Straße abgedrängt worden ist.		
❹ Als Katrin Menschick an der Unfallstelle eintrifft, ist die Spurensicherung noch nicht im Gange und der Notarzt will sich gerade um den Verletzten kümmern.		
❺ Im Kofferraum des Fluchtautos finden die Polizisten zwei Taschen und einen Teil des gestohlenen Geldes.		

b) Verbessere die falschen Aussagen aus Aufgabenteil a) und schreibe die korrigierten in dein Deutschheft.

Aufgabe 2

Vervollständige den Lückentext mithilfe der Wörterbox, in der die fehlenden Begriffe stehen. Streiche die verwendeten Begriffe durch, dann behältst du besser die Übersicht.

Wörterbox

Afrim, bewusstlos, Erste-Hilfe-Koffer, eine Reisetasche, Männer- und Frauenkleidung, 14, Vorgesetzte, Phil, im Kofferraum, Vater, älteren, unerfahrene, beim Joggen, 16, Hasenbergl, die Polizeisirenen, Verkehrsunfalls

Der ....-jährige Chris Müller lebt mit seinem .... Bruder Phil und seinem ...., der die Jungen im Stich gelassen zu haben scheint, in der sozial eher schwächeren Münchner Wohngegend .... Er wird zufällig .... in der Nähe der Autobahn Zeuge eines schweren .... Ein BMW stürzt über die Autobahnböschung und kracht nur ein paar Schritte von dem Jungen entfernt gegen einen Baum. Nachdem Chris den ersten Schreck überwunden hat, sieht er nach den Unfallopfern. Der Fahrer atmet zwar noch, ist aber .... und schwer verletzt, weshalb Chris im Kofferraum nach einem .... suchen möchte. Dort entdeckt er völlig unerwartet die ....-jährige Sabrina, die den Unfall nur leicht verletzt überlebt hat. Das Mädchen hält Chris davon ab, einen Notarzt zu rufen und bittet ihn stattdessen, ... an sich zu nehmen und damit zu verschwinden. Zuvor möchte sie aber Chris' Namen und Adresse wissen und sie macht ein Foto von ihm. In der Tasche befinden sich vier Millionen Euro. Chris zögert kurz, macht sich dann aber mit dem Geld auf den Weg nach Hause, wo er die Tasche zunächst versteckt, ohne .... etwas davon zu erzählen. Vor einem Jahr wäre er damit noch zur Polizei gegangen, aber aufgrund der momentan schwierigen, fast aussichtslosen Familiensituation verwirft der Junge diesen Gedanken schnell.

Nachdem Sabrina .... hört, klettert sie aus dem Kofferraum und schleppt sich mit letzter Kraft ebenfalls nach Hause. Der junge, aber noch .... Polizist .... trifft als Erster am Unfallort ein. Seine forsche .... Katrin Menschick sorgt am Tatort für Ordnung und befragt den sich mittlerweile wieder bei Bewusstsein befindlichen Fahrer des Wagens Matthias Kriebl. Dieser verrät bereitwillig, dass sich das gestohlene Geld .... befindet. Dort finden die Polizisten allerdings nur eine Tasche mit .... und eine weitere mit Einkäufen, von der Beute aber keine Spur.

Aufgabe 3

Lies die Seiten 9 bis 11 (Z. 13) und schreibe stichpunktartig heraus, was du über Chris Müller und seine familiäre Situation erfährst.

____

____

____

____

____

____

Aufgabe 4

Bereits beim Lesen des ersten Kapitels müsste dir aufgefallen sein, dass die Geschehnisse aus der Sicht verschiedener Figuren geschildert werden. Diese Vorgehensweise ist vielleicht zunächst etwas ungewohnt und du brauchst ein wenig Zeit, um zu durchschauen, aus der Sicht welcher Figur gerade erzählt wird. Aber durch diese Erzähltechnik wird für den Leser zusätzlich Spannung aufgebaut.

a) Überfliege die angegebenen Erzählpassagen des ersten Kapitels erneut.
b) Gib entweder an, aus wessen Sicht jeweils erzählt wird, oder zitiere eine sinnvolle Textstelle, die dir einen eindeutigen Hinweis auf die Figur gegeben hat.

***Tipp:** Wähle nur Textstellen aus, die widerspiegeln, was im Inneren der Figur vorgeht (innere Handlung/ Innensicht)*

> **!**
> Mehr über die **Erzähltechnik** des personalen Erzählens und die Erzählperspektive erfährst du auf Seite 38 f. in diesem Arbeitsheft.

Erzählpassage	Figur	Textstelle
S. 9–14	Chris	„Das war jedenfalls das Bild, das er damals im Kopf hatte – als sie vor einem halben Jahr den Kleintransporter, den Onkel Willi besorgt hatte, mit Umzugskisten vollpackten." (S. 9, Z. 12–15)
S. 14–18	Sabrina	
S. 18 f.		„Er konnte es immer noch nicht glauben. Der Typ musste komplett wahnsinnig sein!" (S. 18, Z. 10 f.)

Erzählpassage	Figur	Textstelle
S. 19 f.		„Sie durfte es sich nur nicht zu bequem machen. Sie musste ein authentisches Bild abgeben für die Polizei." (S. 19, Z. 11 f.)
S. 20 f.	Chris	
S. 22 f.	Afrim	
S. 23–26		„[Sie] hoffte trotzdem, dass ihre Mutter schon in der Arbeit war. Sonst würde sie garantiert Fragen stellen." (S. 23, Z. 23–25)
S. 26–30	Afrim	
S. 30–38	Chris	

➲ **Rätselzeit – Der Lösung auf der Spur**

2 *senkrecht:* *Wie nennt man das Gebiet des ehemaligen Truppenübungsplatzes, das offiziell Nordheide heißt?* Trage die Antwort in das Kreuzworträtsel auf Seite 33 ein.

2. Kapitel | 23. Dezember 7:11 Uhr

Leseabschnitt 1
S. 41–57

➲ **Aufgabe 1**

Vervollständige den Lückentext. Manchmal musst du auch mehr als ein Wort ergänzen.

Afrim und Katrin Menschick haben die Adresse von Matthias Kriebl herausgefunden und klingeln an der Wohnungstür des Täters, der dort mit Sabrinas Mutter .... seit .... zusammenlebt. Als .... die Tür öffnet, ist sie sehr unfreundlich zu den Polizisten und verhält sich deren Meinung nach auch verdächtig. Menschick möchte mit ihrer Mutter reden; da diese aber noch nicht von der Arbeit zurückgekommen ist, lässt das Mädchen die Beamten widerwillig in die Wohnung. Als Elisabeth Kostic eintrifft, informieren die Polizisten sie über .... und seine Beteiligung ...., was sie sich überhaupt nicht vorstellen oder erklären kann. Matthias sei für sie der ehrlichste Mensch auf der Welt. Obwohl weder Menschick noch Afrim glauben, dass Sabrinas Mutter Kriebls .... ist, muss sie mit auf das Revier kommen, um eine Aussage zu machen. Als Sabrina das Haus verlässt, weist Menschick Afrim an, ...

Das Mädchen macht sich auf den Weg in die .... 36a, in der Chris wohnen soll, um den Jungen, vor allem aber das Geld wiederzufinden. Sabrina klingelt an sämtlichen Türen, wobei niemand Chris zu kennen scheint. Als sie an Chris' Tür klingelt, an der zu dessen Glück ein .... fehlt, beschließt er, ihr nicht zu öffnen. Der 14-Jährige sitzt schon auf gepackten Koffern, er möchte seinen Bruder, sobald dieser nach Hause kommt, einweihen und mit ihm und dem Geld nach .... abhauen, wo .... eine Hütte besitzt. Sabrina glaubt, Chris habe sie bezüglich seiner Adresse angelogen, und ärgert sich darüber, wie naiv sie gewesen ist, einem Fremden das Geld anzuvertrauen. Sie möchte nun zurück zur Unfallstelle gehen, um dort vielleicht eine Spur von Chris zu finden.

➲ Rätselzeit – Der Lösung auf der Spur

?

***3 senkrecht:** Mit wem hatte Katrin Menschick eine Affäre?*

Trage die Antwort in das Kreuzworträtsel auf Seite 33 ein.

➲ Aufgabe 2

Leseabschnitt 2
S. 57–62

Lies die Seiten 57 (Z. 24) bis 62 (Z. 8) und beantworte anschließend die Fragen zu diesem Erzählabschnitt.

Vorgegebene Inhaltszusammenfassung:

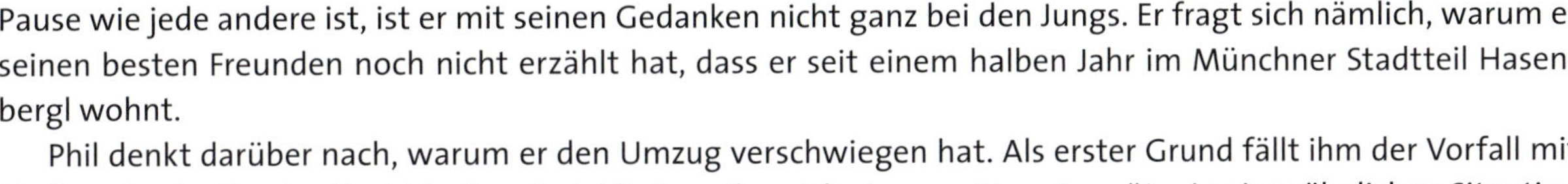

Phil befindet sich mit seinen Freunden Lukas, Adrian und Nathan in der Pause auf dem Schulhof. Obwohl es eine Pause wie jede andere ist, ist er mit seinen Gedanken nicht ganz bei den Jungs. Er fragt sich nämlich, warum er seinen besten Freunden noch nicht erzählt hat, dass er seit einem halben Jahr im Münchner Stadtteil Hasenbergl wohnt.

Phil denkt darüber nach, warum er den Umzug verschwiegen hat. Als erster Grund fällt ihm der Vorfall mit Nadine ein, der ihm im Nachhinein sehr leidtut, weil er sich ein paar Monate später in einer ähnlichen Situation mit seiner Mutter befand. Was genau mit Phils Mutter passiert ist, wird in diesem Kapitel allerdings noch nicht verraten.

a) Beschreibe Phils Verhalten gegenüber Nadine.

b) Welche Gründe nennt Phil außerdem, warum er dieses Geheimnis bis jetzt bewahrt hat?

Rätselzeit – Der Lösung auf der Spur

4 ***waagerecht:*** *An welcher Krankheit leidet Nadines Mutter?*

Trage die Antwort in das Kreuzworträtsel auf Seite 33 ein.

Leseabschnitt 3
S. 62–74

Aufgabe 3

Verbinde die zusammengehörenden Teilsätze durch Linien miteinander. Die Satzanfänge stehen in der dem Handlungsgang entsprechenden Reihenfolge.

Da es an der Unfallstelle noch so von Polizeibeamten wimmelt,	spricht er das hübsche Mädchen an.
Dort befindet sich auch der Afrikaner Elom,	während Elom alleine an Chris' Wohnungstür klingelt.
Weil Sabrina Elom gefällt,	beschließt Sabrina, ins Einkaufszentrum Mira zu gehen.
Obwohl Sabrina ihn nicht unsympathisch findet,	daher möchte er von Chris erfahren, wie er Sabrina kennengelernt hat.
Im Gespräch erkennt Elom seinen Nachbarn Chris auf einem Foto in Sabrinas Handy wieder,	geht sie auf Eloms Flirtversuche nicht ein.
In der Grohmannstraße angekommen, wartet die Gang mit Sabrina vor dem Haus,	der dort zusammen mit seinem Bruder Yannick und seinen Freunden Marvin und David abhängt.
Der Afrikaner findet Sabrinas Geschichte merkwürdig und glaubt ihr kein Wort,	weshalb Sabrina ihre Chance, Chris zu finden, wittert und Elom und seine Gang begleitet.

Rätselzeit – Der Lösung auf der Spur

5 ***waagerecht:*** *Welche Kampfsportart beherrscht Afrim?*

Trage die Antwort in das Kreuzworträtsel auf Seite 33 ein.

Leseabschnitt 4
S. 74–87

Aufgabe 4

Vervollständige die Teilsätze.

a) Als Chris Elom widerwillig die Tür öffnet, weiß er zunächst nicht, wovon dieser redet; es gelingt ihm aber,

b) Nachdem Elom wieder unten auf der Straße angekommen ist,

c) Chris beobachtet dies vom Fenster aus und hilft Sabrina aus dieser brenzligen Situation, indem

d) Das Mädchen nutzt die Gelegenheit und tritt David zwischen die Beine, sodass

e) Auf dem Weg zur Bushaltestelle begegnet Sabrina Phil, der

f) Im Gespräch erfährt er von Sabrina, dass

Rätselzeit – Der Lösung auf der Spur

6 waagerecht: *Als was bezeichnet Elom Chris an der Wohnungstür, damit er ihm öffnet?*

Trage die Antwort in das Kreuzworträtsel auf Seite 33 ein.

Leseabschnitt 5
S. 87–106

Aufgabe 5: Zusammenfassendes Schreiben

a) Lies dir die nachfolgenden Informationen zur Inhaltsangabe aufmerksam durch.

Wissensbox

Eine INHALTSANGABE informiert kurz und knapp über den Inhalt eines Textes oder, wie in diesem Fall, einer Textpassage. Bei erzählenden Texten musst du die wichtigsten Handlungsschritte in deinen eigenen Worten zusammenfassen. Wichtig ist, dass diese in der zeitlich richtigen Reihenfolge (chronologisch) festgehalten werden.

Merkmale einer Inhaltsangabe

formal	inhaltlich	sprachlich
• Er-/Sie-Form	• wichtige Handlungsschritte • Ereignisse in der zeitlich richtigen Reihenfolge wiedergeben • in Sinnabschnitte einteilen und Zwischenüberschriften suchen (z. B. Ausgangssituation, Auftreten von Personen, überraschende Wendungen) • Antworten auf W-Fragen enthalten wichtige Informationen (Wer? Wo? Wann? Was? Wie und warum geschieht etwas? Welche Folgen ergeben sich?)	• Schreibstil: sachlich, nüchtern, objektiv • keine Ausschmückungen, keine Spannung aufbauen • keine wörtliche Rede (Hier musst du in indirekte Rede umformen, z. B. mithilfe eines dass-Satzes oder des Konjunktivs.) • vorherrschende Zeitform (Tempus) Präsens, bei Vorzeitigkeit Perfekt

! Im **Grammatik-Trainingslager** im Downloadbereich findest du u. a. eine Übung zur Bildung der indirekten Rede.

b) Fasse den Inhalt der Seiten 87 (Z. 11) bis 106 (Z. 15) zusammen, indem du zu jeder der folgenden Zwischenüberschriften ein bis zwei Sätze formulierst. Schreibe in dein Deutschheft.
Hinweis: *Die aufgeführten Zwischenüberschriften sind bereits in der richtigen Reihenfolge angegeben.*

1. Chris' Konfrontation
2. Aufklärung Phils
3. Sabrinas Geständnis
4. Davids Wutausbruch
5. Der Einschüchterungsplan
6. Eloms Bedenken
7. Einschreiten der Polizei

Aufgabe 6: Gestaltendes Schreiben – Ein Tagebucheintrag von Sabrina

a) Lies dir die nachfolgenden Informationen zum Tagebucheintrag aufmerksam durch.

Wissensbox

Ein TAGEBUCHEINTRAG ist eine sehr persönliche Form des Schreibens, an dem man eigentlich niemanden teilhaben lassen möchte. In ihm werden Erinnerungen mit der Gegenwart verknüpft und momentane Gefühle festgehalten. Außerdem können darin Fragen gestellt werden, die sich selbst beantwortet oder auch einfach unbeantwortet gelassen werden. In einem Tagebucheintrag kann man vor allem uneingeschränkt ehrlich zu sich selbst sein. Die Gedanken werden in der Reihenfolge niedergeschrieben, in der sie dem Schreiber gerade in den Sinn kommen. Dennoch sollte ein roter Faden erkennbar sein, dieser ergibt sich aus der Aufgabenstellung und der Textstelle.

Merkmale eines Tagebucheintrags

formal	inhaltlich	sprachlich
• Ich-Form • Datum • mit oder ohne Anrede (z. B. Liebes Tagebuch,) • an keine konkrete Figur gerichtet, Adressat ist das Tagebuch selbst	• Gedanken und Gefühle • Gedankensprünge (mitten im Satz beginnt ein neues Thema, das durch ein gedachtes Wort ausgelöst werden kann) • widersprüchliche Gedanken • vorausgegangene Ereignisse einfließen lassen • roter Faden	• Schreibstil: schildernde Elemente • Fragen • Ellipsen/unvollständige Sätze • Gedankensprünge • Einwortsätze • Interjektionen/Ausrufewörter (z. B. ach, tja, ähm, wow) • verschiedene Satzzeichen nutzen (z. B. ! ? ... –) • vorherrschende Zeitform (Tempus) Präsens, bei Erinnerungen Perfekt oder Präteritum

b) „Sie nickte und zwang sich zu einem Lächeln – das dann aber wie von selbst auf ihr Gesicht kam. Wie leicht es manchmal sein kann, zu lügen. Wenn es um etwas geht." (S. 6, Z. 4–6)

Versetze dich in Sabrinas Situation, die an dem Abend, als Matthias sie im Bad überrascht hat, einen Tagebucheintrag schreibt. Verfasse diesen Tagebucheintrag.
Tipp: *Lies dafür noch einmal die Seiten 95 bis 100 in deiner Lektüre.*

Berücksichtige dabei:

- das Zusammentreffen von Sabrina und Matthias
- Sabrinas Ängste und Befürchtungen
- ihren Plan
- Gedanken an ihre Mutter und ihre Reaktion, wenn sie von Matthias Neigungen erfahren würde

Die Inhalte für den Tagebucheintrag ergeben sich zum einen aus der angegebenen **Textstelle** (Textauszug) und der **Aufgabenstellung.** Zum anderen erhältst du weitere Inhalte durch deine **Textkenntnis** (z. B. S. 95–100).

Du solltest allerdings nicht einfach drauflosschreiben! Bevor du mit dem Schreiben beginnst, kannst du deine Ideen für den Tagebucheintrag in einer Mindmap festhalten und vorstrukturieren.

Schreibplan mithilfe einer Mindmap:

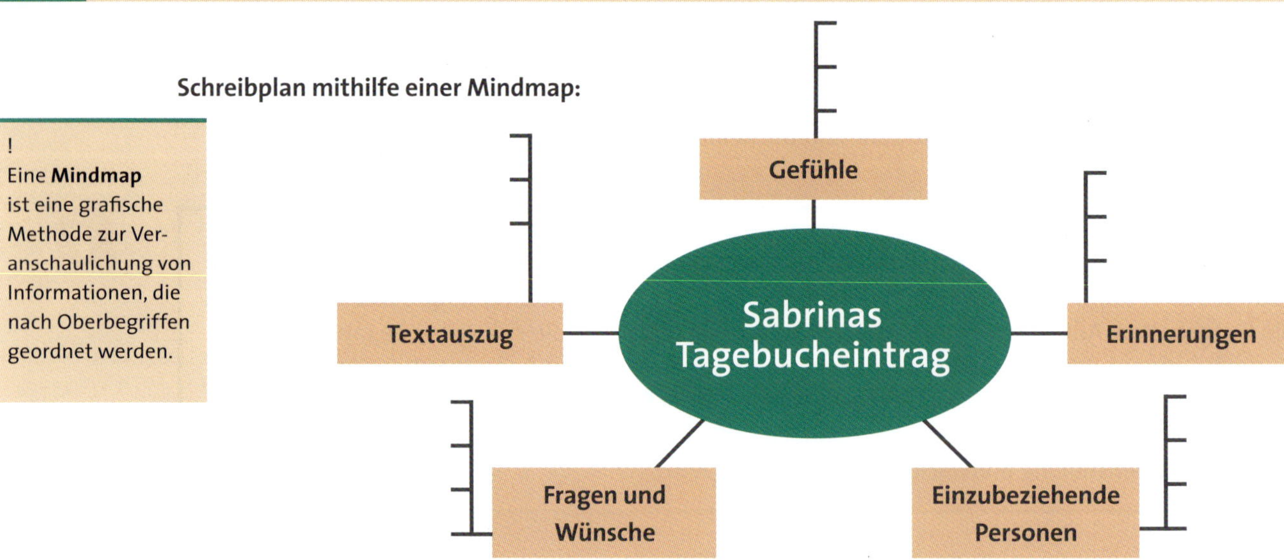

!
Eine **Mindmap** ist eine grafische Methode zur Veranschaulichung von Informationen, die nach Oberbegriffen geordnet werden.

Schreibe nun Sabrinas Tagebucheintrag in dein Deutschheft. Du könntest so beginnen:

Liebes Tagebuch, *10. Dezember*
heute ist etwas Schreckliches passiert. Und zugleich hat es vielleicht auch etwas Gutes ...

Aufgabe 7 (Wahlaufgabe)

Auch im zweiten Kapitel des Romans wechselt der Erzähler ständig die Figur, aus deren Sicht er die Ereignisse schildert. Gib entweder an, aus welcher Figurenperspektive erzählt wird, oder zitiere eine sinnvolle Textstelle, die dir einen eindeutigen Hinweis auf die Figur gegeben hat. Bei manchen Erzählpassagen musst du auch beides herausfinden.

Hinweis: *Eine Tabelle zum Ausfüllen kannst du dir im Downloadbereich herunterladen.*

Rätselzeit – Der Lösung auf der Spur

7 waagerecht: *Mit welcher Waffe bedroht Marvin die Brüder?*

Trage die Antwort in das Kreuzworträtsel auf Seite 33 ein.

Aufgabe 8

a) Richtig oder falsch? Kreuze an.

Aussage	trifft zu	trifft nicht zu
❶ Elisabeth Kostic kommt der Polizei verdächtig vor und könnte Kriebls Komplizin sein.		
❷ Chris möchte zusammen mit seinem Bruder und der Beute nach Österreich abhauen.		
❸ Sabrina geht auf Davids Flirtversuche nicht ein.		
❹ Elom erkennt seinen Nachbarn Chris auf Sabrinas Handyfoto.		
❺ Katrin Menschick folgt Sabrina heimlich in die Nähe des Unfallortes und ins Einkaufszentrum.		

b) Verbessere die falschen Aussagen aus Aufgabenteil a) und schreibe die korrigierten in dein Deutschheft.

3. Kapitel | 24. Dezember 1:26 Uhr

Leseabschnitt 1
S. 109–134

Aufgabe 1

a) Fasse in der folgenden Tabelle stichpunktartig die Antworten der befragten Jugendlichen auf die Frage nach dem Verbleib des Geldes und ihrer Beteiligung zusammen.

Phil S. 112–115	**Chris** S. 116–120	**Sabrina** S. 123 f.
•	•	•

b) Lies noch einmal die Seiten 120 (Z. 27) bis 123 (Z. 26). Beschreibe das Verhalten von Elisabeth Kostic ihrer Tochter Sabrina gegenüber.

c) Schreibe zwei Textstellen heraus, die Sabrinas Reaktion auf die Vorwürfe ihrer Mutter belegen. Denke an die richtige Zitiertechnik!

!
Wenn du dir noch unsicher bist, wie man richtig zitiert, wirf einen Blick auf das **Merkblatt** im Downloadbereich.

d) Bewerte das Verhältnis zwischen Mutter und Tochter kritisch. Mache dir zunächst ein paar stichwortartige Notizen zum Mutter-Tochter-Verhältnis, über die ihr anschließend in der Klasse diskutiert.

e) Katrin Menschick und Afrim befragen Matthias Kriebl, der noch im Krankenhaus liegt, ebenfalls. Was fordert Kriebl für seine angekündigte Kooperation von den beiden Polizisten? ***Tipp:*** *Schaue auf S. 124–129 nach.*

f) Auch Elom wird von Afrim auf dem Revier in die Mangel genommen, obwohl er doch augenscheinlich nichts mit dem verschwundenen Geld zu tun hat. Warum befindet sich Elom immer noch in Polizeigewahrsam, während sein Bruder und seine Freunde schon lange wieder zu Hause sind? ***Tipp:*** *Schaue auf S. 131–134 nach.*

g) Die Polizisten versuchen, mit allen Mitteln an die benötigten Informationen zu gelangen. Dazu drohen sie zum einen den Jugendlichen und zum anderen auch Matthias Kriebl. Womit drohen Menschick und Afrim? Schreibe die entsprechenden Textstellen heraus.

Drohung gegenüber Phil:

Drohung gegenüber Matthias:

Drohung gegenüber Elom:

____

____

____

➲ Rätselzeit – Der Lösung auf der Spur

8 senkrecht: *Worin mischte Matthias Kriebl Sabrina die K.-o.-Tropfen?*

Trage die Antwort in das Kreuzworträtsel auf Seite 33 ein.

➲ Aufgabe 2

Leseabschnitt 2
S. 134–142

In die folgende Inhaltszusammenfassung haben sich drei inhaltliche Fehler eingeschlichen. Streiche die falschen Sätze durch und schreibe eine verbesserte Inhaltszusammenfassung in dein Deutschheft.

Vorgegebene Inhaltszusammenfassung:

Chris und Phil sind nach ihrer Entlassung aus dem Polizeiverhör auf dem Heimweg. Chris wundert sich, warum die Polizei sie überhaupt hat gehen lassen, wenn sie ihm nicht glauben, dass er mit dem Verschwinden des Geldes nichts zu tun hat. Phil klärt ihn über Menschicks Drohung und ihre gestellte Frist auf. Chris reagiert so, als habe er doch etwas mit dem Verbleib des Geldes zu tun, da er mit Phil zu Hause noch einmal in Ruhe reden möchte. Auf dem Weg nach Hause treffen die Brüder erneut auf David, der immer noch keine Ruhe gibt und die beiden erneut auf die Beute anspricht. Genervt lassen Chris und Phil den Jungen stehen, sie sind erledigt und wollen nur noch nach Hause.

Elom wird auch entlassen und kommt gerade fix und fertig zu Hause an, als er seinem Bruder Yannick vor der Haustür begegnet. Ihre Mutter ist zum Glück nicht zu Hause, sodass die Brüder erst einmal nicht mit Ärger rechnen müssen. Elom erzählt seinem Bruder, die Polizei habe ihm mit Abschiebung gedroht, wenn er Chris und Phil nicht ausspioniere.

➲ Rätselzeit – Der Lösung auf der Spur

9 waagerecht: *Wo soll Elom die Nacht verbringen?*

Trage die Antwort in das Kreuzworträtsel auf Seite 33 ein.

Leseabschnitt 3
S. 142–160

Aufgabe 3

Die folgenden Handlungsschritte sind durcheinandergeraten. Bringe sie in die inhaltlich richtige Reihenfolge, indem du sie von 1 bis 9 nummerierst.

- ☐ Sie ergreifen Chris auf der Straße, der nicht auf dem Weg in die Schule, sondern auf den Friedhof zum Grab seiner Mutter gewesen ist, weil er dort vor zwei Tagen das Geld versteckt hat.
- ☐ Phil richtet für Sabrina einen Schlafplatz ein, worüber Chris aus Misstrauen zu dem Mädchen nicht begeistert ist.
- ☐ Sabrina öffnet sich Phil gegenüber ebenfalls und berichtet von ihrem Vater, der nach der Scheidung ihrer Eltern zurück nach Kroatien gegangen ist, um sich dort ein neues Leben aufzubauen.
- ☐ Daher packt Chris seinen Rucksack und geht angeblich in die Schule.
- ☐ Phil und Sabrina führen ein langes Gespräch über ihre Väter.
- ☐ Währenddessen schmieden David, Marvin und Yannick einen neuen Plan, wie sie Elom helfen und an das Geld kommen können.
- ☐ Chris versucht noch, Phil auf dem Handy zu erreichen und ihn um Hilfe zu bitten, allerdings ist dieser zu Hause eingedöst und Sabrina hat Chris' Anruf weggedrückt, sodass dieser nur auf die Mailbox sprechen kann.
- ☐ Sein Vater gebe sich die Schuld daran und habe das nie verkraftet, weshalb er zum Alkohol gegriffen, seinen Job verloren hat und mit seinen Söhnen aus der alten Wohnung ausziehen musste.
- ☐ Dabei erzählt Phil ihr von seinem Vater und seiner Mutter, die bei einem Autounfall, bei dem er Beifahrer gewesen ist, ums Leben gekommen ist.

Rätselzeit – Der Lösung auf der Spur

10 senkrecht: *Welche Ausbildung möchte Sabrina nach der Schule machen?*

Trage die Antwort in das Kreuzworträtsel auf Seite 33 ein.

Leseabschnitt 4
S. 160–175

Aufgabe 4: Zusammenfassendes Schreiben

Bei der folgenden Inhaltsangabe fehlt der Anfang. Lies dazu die Erzählabschnitte Seite 160 (Z. 23) bis 163 (Z. 3) sowie 165 (Z. 23) bis 169 (Z. 15) und fasse das Wesentliche mit eigenen Worten zusammen.

Vorgegebene Inhaltszusammenfassung (Schluss):

Chris wird von Elom körperlich bedroht, weshalb er die Jungen aufklärt und anbietet, ihnen das Versteck des Geldes zu zeigen. Er führt sie in ein Kellerabteil des Hauses, in dem er eine Pistole, die er in der Reisetasche gefunden hatte, versteckt hat. Zur gleichen Zeit hört Phil die Hilfeschreie seines Bruders auf der Mailbox. Phil versucht immer wieder vergebens, Chris auf dem Handy zu erreichen. Er und Sabrina, bewaffnet mit einem Baseballschläger und einem japanischen Fischmesser, suchen zunächst im Keller nach Chris, wo sie schließlich auf die Gang treffen. Der bewaffnete Phil überrascht Elom und seine Freunde. Chris gelingt es durch dieses Ablenkungsmanöver, die Pistole zu ergreifen, die er hinter einer Matratze versteckt hat, und richtet sie auf Elom.

➲ Rätselzeit – Der Lösung auf der Spur

11 waagerecht: *Womit bewaffnet sich Phil gegen die Gang?*

Trage die Antwort in das Kreuzworträtsel auf Seite 33 ein.

➲ Aufgabe 5: Gestaltendes Schreiben – Ein innerer Monolog von Afrim

Leseabschnitt 5
S. 176–178

a) Lies dir die nachfolgenden Informationen zum inneren Monolog aufmerksam durch.

Wissensbox

Der INNERE MONOLOG ist wohl die persönlichste Äußerungsform, mit der zum Ausdruck gebracht wird, was im Inneren einer Figur vorgeht. Beim inneren Monolog gibt es keinen Gesprächspartner, er ist eine Art stummes (inneres) Selbstgespräch, das eine Figur häufig in Konfliktsituationen führt, um Probleme zu überdenken oder wichtige Entscheidungen abzuwägen.

Du kannst dich mithilfe dieser Schreibaufgabe in Figuren des Romans hineinversetzen, ihre Gedanken und Gefühle wiedergeben. Deine Ausführungen müssen natürlich zur Textstelle und dem Inhalt des Buches passen. Deshalb untersuchst du zuerst alle Bestandteile der Schreibaufgabe.

Merkmale eines inneren Monologs

formal	inhaltlich	sprachlich
• Ich-Form	• Gedankengang ausführlich und nachvollziehbar • Gedankensprünge (mitten im Satz beginnt ein neues Thema, das durch ein gedachtes Wort ausgelöst werden kann) • widersprüchliche Gedanken • vorausgegangene Ereignisse einbauen • am Ende zur Entscheidung/ Lösung kommen • Wesenszüge der Figur sollen zum Ausdruck kommen	• kurze Sätze • unvollendete Sätze • keine logische Reihenfolge: Gedanken, wie sie gerade einfallen, allerdings muss die Gedankenkette für den Leser nachvollziehbar bleiben • Fragen • Interjektionen/Ausrufewörter (z. B. ach, tja, ähm, wow) • verschiedene Satzzeichen nutzen (z. B. ! ? ... –) • Zeitform (Tempus) meist Präsens, bei Vorzeitigkeit Perfekt

b) „Es war normal, dass Jungs in dem Alter Scheiße bauen, manche mehr, manche weniger. Aber manche werden sogar dazu getrieben. Und das ausgerechnet von ihm! Dabei hatte er doch bloß das gemacht, was seine Vorgesetzte ihm aufgetragen hatte.“ (S. 176, Z. 23–27)

Nachdem Afrim aufgelegt und das Telefonat mit Katrin Menschick beendet hat, bleibt er noch einen Moment auf der Treppe sitzen und denkt über das Gespräch mit seiner Vorgesetzten nach. Versetze dich in Afrims Situation und verfasse diesen inneren Monolog.

Berücksichtige dabei:

- Afrims schlechtes Gewissen
- seine Zweifel an Menschicks Vorgehensweise und ihren Ermittlungsmethoden
- Überlegungen, ob er diese Art von Polizist sein möchte und was er jetzt tun soll

Denke daran, Gedanken und Gefühle der Figur in dem inneren Monolog darzustellen.

Die Inhalte für den inneren Monolog ergeben sich zum einen aus der angegebenen **Textstelle** (Textauszug) und der **Aufgabenstellung.** Zum anderen erhältst du weitere Inhalte durch deine **Textkenntnis** (z. B. S. 26–30, S. 109–115 und S. 124–129).

Auch bei einem inneren Monolog solltest du nicht direkt drauflosschreiben, damit du keinen wichtigen Aspekt vergisst. Sammle deine Ideen zu Leitfragen in einer ausführlichen tabellarischen Stichwortliste.

Schreibplan mithilfe einer Stichwortliste:

Warum hat Afrim Gewissensbisse?	• *Mitschuld an Eloms Verschwinden* • *Drohung mit Eloms möglicher Abschiebung* •
Welche Zweifel äußert er?	•
Welche Beispiele für Menschicks fragwürdige Vorgehensweise und Ermittlungsmethoden lassen sich anführen?	•
Was denkt Afrim über sich und seinen Beruf als Polizist?	•

Schreibe nun Afrims inneren Monolog in dein Deutschheft. Du könntest so beginnen:

Oh Mann, verdammt! Was ist nur aus dem vorbildlichen Polizisten in mir geworden?

Rätselzeit – Der Lösung auf der Spur

12 waagerecht: *Welchen Hauptberuf übt Eloms Mutter aus?*

Trage die Antwort in das Kreuzworträtsel auf Seite 33 ein.

Leseabschnitt 6
S. 178–194

Aufgabe 6: Zusammenfassendes Schreiben

In der folgenden Inhaltsangabe fehlt der Mittelteil. Lies dazu den Erzählabschnitt Seite 189 (Z. 24) bis 193 (Z. 5) und fasse das Wesentliche mit eigenen Worten zusammen.

Vorgegebene Inhaltszusammenfassung (Anfang):

Nach der Überwältigung der Gang im Heizungskeller gehen Chris, Phil und Sabrina wieder in die Wohnung. Phil kann nicht glauben, dass Chris die Polizei so getäuscht hat, und fragt ihn, wo er das Geld versteckt hat. Chris ist aber zu müde und möchte dieses Geheimnis nicht vor dem nächsten Morgen verraten. Während Chris scheinbar schläft, kommen sich Phil und Sabrina näher. Sie haben zuvor beschlossen, zu dritt am nächsten Tag mit dem Auto und der Beute nach Österreich zu fliehen. Sabrina und Phil schlafen das erste Mal miteinander, was beide sehr schön finden.

Vorgegebene Inhaltszusammenfassung (Schluss):

Wenn Sabrina kooperiert, darf sie wieder zu Phil zurück. Währenddessen wird Chris zu Hause nervös und schlägt Phil vor, sofort zu verschwinden, weil er Angst hat, dass Sabrina der Polizei verrät, dass er das Geld versteckt hat. Phil möchte aber nicht ohne Sabrina aufbrechen.

Aufgabe 7 (Wahlaufgabe)

Auch im dritten Kapitel schlüpft der Erzähler in die verschiedenen Figuren.

a) Lege in deinem Deutschheft eine Tabelle nach dem Muster von Aufgabe 4 zu Kapitel 1 (siehe S. 9 f.) und Aufgabe 7 zu Kapitel 2 (siehe S. 16) an. Schreibe die Seitenzahlen der Erzählpassagen heraus.

b) Teilt die Erzählpassagen in eurer Gruppe untereinander auf.

c) Gebt an, aus wessen Sicht jeweils erzählt wird, und zitiert eine sinnvolle Textstelle, die einen eindeutigen Hinweis auf die Figur gibt.

Rätselzeit – Der Lösung auf der Spur

13 senkrecht: *Wo versuchte Herr Kostic, seiner Tochter das Autofahren in Kroatien beizubringen?*

Trage die Antwort in das Kreuzworträtsel auf Seite 33 ein.

➲ **Aufgabe 8**

a) Richtig oder falsch? Kreuze an.

Aussage	trifft zu	trifft nicht zu
❶ Phil gibt im Verhör mit Katrin Menschick vor, sein Vater sei auf Jobsuche.		
❷ Sabrina sucht ein Schlafquartier bei Elom und seinem Bruder.		
❸ Chris führt die Gang in den Kellerraum, in dem er das gestohlene Geld versteckt hat.		
❹ Phil und Sabrina versuchen mithilfe des Internets herauszufinden, wo Kriebl das Geld unterwegs versteckt haben könnte.		
❺ Die beiden Ermittler erhoffen sich, durch das Wiedersehen zwischen Sabrina und Matthias etwas über den Verbleib der Beute zu erfahren.		

b) Verbessere die falschen Aussagen aus Aufgabenteil a) und schreibe die korrigierten in dein Deutschheft.

4. Kapitel | 25. Dezember 2:39 Uhr

➲ **Aufgabe 1**

a) Richtig oder falsch? Kreuze an.

Aussage	trifft zu	trifft nicht zu
❶ Phil bekommt Panik und drängt Chris dazu, sofort nach Österreich aufzubrechen.		
❷ Sabrina ist Matthias' Komplizin und will mit ihm das Geld zurückholen.		
❸ Matthias überwältigt Phil mit einer Pistole und verletzt ihn dabei schwer.		
❹ Matthias nimmt Chris als eine Art Geisel.		
❺ Sabrina drängt Matthias dazu, noch einen Krankenwagen für Phil zu rufen.		

b) Verbessere die falschen Aussagen aus Aufgabenteil a) und schreibe die korrigierten in dein Deutschheft.

Aufgabe 2: Zusammenfassendes Schreiben

Fasse den Inhalt dieses kurzen Kapitels mithilfe der Informationen aus den Textstellen zusammen. Schreibe die Inhaltsangabe mit eigenen Worten in dein Deutschheft.

„Er schaute immer wieder runter zur Straße. Es war alles gepackt, sie waren startklar." (S. 197, Z. 2 f.)

„»Chris. Wir wollten um vier Uhr los. Lass uns bis vier Uhr warten. Wenn sie bis dahin nicht zurück ist, dann ...«" (S. 198, Z. 27–29)

„Matthias drückte sich neben der Wohnungstür an die Wand, damit er durch den Türspion nicht gesehen wurde: die Knie leicht angewinkelt, Pistole locker in der Hand, bereit zum Sprung." (S. 199, Z. 6–9)

„Worauf wartest du?, schien sein Blick zu sagen. Sie legte den Zeigefinger auf die Klingel. Und drückte dagegen. Auf der Fahrt hierher hatte sie Matthias von den Brüdern erzählt." (S. 199, Z. 17–20)

„Er traf Phil in einer Aufwärtsbewegung am Kinn. Es gab ein Geräusch, als würde jemand mit einer Hacke in einen Eisblock hauen." (S. 200, Z. 13–15)

„Matthias hatte die Pistole auf Chris gerichtet, [...]" (S. 201, Z. 6 f.)

„»Sobald ich mein Geld habe, kannst du für deinen Bruder einen Krankenwagen rufen. Ich bin zwar kein Arzt, aber ich denke, je früher das passiert, desto besser.«" (S. 201, Z. 18–20)

Aufgabe 3 (Wahlaufgabe)

Im vierten Kapitel werden die Geschehnisse aus der Sicht zweier Figuren erzählt (siehe S. 197–199 und S. 199–201). Gib an, aus welcher Figurenperspektive erzählt wird, und zitiere eine sinnvolle Textstelle. Schreibe in dein Deutschheft

Rätselzeit – Der Lösung auf der Spur

14 ***senkrecht:*** *Was hatten die Brüder nach Phils Ansicht in letzter Zeit?*

Trage die Antwort in das Kreuzworträtsel auf Seite 33 ein.

5. Kapitel | 4:06 Uhr

Aufgabe 1

a) Richtig oder falsch? Kreuze an.

Aussage	trifft zu	trifft nicht zu
❶ Chris wird durch Matthias schwer am Arm verletzt.		
❷ Nur Marvin erklärt sich bereit, bei der Suche nach Chris zu helfen.		
❸ Matthias flüchtet mit einem gestohlenen Taxi.		
❹ Sabrina hört auf dem Friedhof ein ihr bekanntes Geräusch.		
❺ Matthias wird mithilfe eines Soldaten überwältigt.		

b) Verbessere die falschen Aussagen aus Aufgabenteil a) und schreibe die korrigierten in dein Deutschheft.

➲ Aufgabe 2: Zusammenfassendes Schreiben

In der folgenden Inhaltsangabe fehlt der Schluss. Lies dazu von Seite 221 (Z. 26) bis 227 und fasse das Wesentliche mit eigenen Worten zusammen.

Vorgegebene Inhaltszusammenfassung (Anfang):

Als Phil sein Bewusstsein wiedererlangt, merkt er, wie schwer verletzt er ist. Ihm ist klar, dass Kriebl Chris mitgenommen hat und ihn auch nicht mehr braucht, sobald er ihm das Geldversteck verraten hat. Phil muss Chris also schnellstmöglich finden. Ihm fällt auf, dass Chris ihm einen Hinweis auf das Versteck des Geldes hinterlassen hat. Der Glasrahmen des Bildes ihrer Mutter im Flur hatte einen Sprung, der vor kurzem noch nicht dort gewesen ist.

Phil entschließt sich, die im Heizungskeller eingesperrte Gang freizulassen und sie um ihre Hilfe zu bitten. Nur Elom ist bereit, ihm zu helfen. Währenddessen sind Kriebl, Chris und Sabrina in einem Fluchtwagen auf dem Weg zum Friedhof. Dort angekommen, müssen sie noch eine Weile warten, da einige Soldaten einem gefallenen Kameraden die letzte Ehre erweisen und sich auf dem Friedhofsgelände herumtreiben. Als die Soldaten durch das Friedhofstor verschwinden, begibt sich Matthias mit Sabrina und Chris in Richtung Friedhof. Dem Hinweis gefolgt, taucht Phil aus dem Nichts vor ihnen mit einer Pistole auf. Sabrina versucht, die Situation zu klären, denn sie möchte nicht, dass noch jemand verletzt wird. Sie bittet Matthias, Chris gehen zu lassen. Dieser droht Phil, Chris zu erschießen.

➲ Rätselzeit – Der Lösung auf der Spur

15 senkrecht: *Auf welchem Friedhof in der Nähe von München hat Chris das Geld versteckt?*

Trage die Antwort in das Kreuzworträtsel auf Seite 33 ein.

6. Kapitel | Drei Stunden früher

➲ Aufgabe 1

a) Richtig oder falsch? Kreuze an.

Aussage	trifft zu	trifft nicht zu
❶ Matthias bittet Afrim, sich kurz frisch machen zu können, bevor er Sabrina wiedersieht.		
❷ Afrim gewährt ihm dafür zehn Minuten Zeit.		
❸ Matthias begegnete Sabrina zum ersten Mal, als ihre Mutter sie ihm im ‚Bella Italia' vorstellte.		
❹ Er schämt sich für seine Gefühle zu der Minderjährigen.		
❺ Kriebl schießt Menschick ins Bein, damit er mit Sabrina fliehen kann.		

b) Verbessere die falschen Aussagen aus Aufgabenteil a) und schreibe die korrigierten in dein Deutschheft.

➲ Aufgabe 2: Eine Zeugenaussage von Afrim

Dass Kriebl die Flucht aus dem Krankenhaus gelungen sein muss, erfährst du als Leser bereits im vorherigen Kapitel. Wie dem Verbrecher dies gelungen ist, wird in diesem Rückblick aufgeklärt. Kriebl gelingt die Flucht, indem er Afrim überwältigt und lebensbedrohlich verletzt. Am Ende dieses Kapitels wird dem Leser nicht verraten, ob Afrim gerettet werden kann.
Stell dir vor, der junge Polizist überlebt diesen Angriff und muss nun auf dem Revier eine Zeugenaussage zu dem Vorfall machen. Versetze dich in Afrim hinein und schreibe dessen Zeugenaussage in dein Deutschheft.

Hinweis: *Denke daran, dass Afrim nur die Dinge aussagen kann, die er selbst gehört, gesehen, erlebt hat. Das ist wichtig, da dieses Kapitel aus der Sicht von Matthias Kriebl erzählt wird.*

Merkmale einer Zeugenaussage

formal	inhaltlich	sprachlich
• Ich-Form	• Wiedergabe der Wahrnehmung (Sehen, Hören) des Zeugen • keine Schilderung von Gefühlen des Zeugen • Wiedergabe der Ereignisse in der zeitlich richtigen Reihenfolge • Beantwortung der W-Fragen, sofern möglich (z. B. Tatort, Tatzeit)	• Schreibstil: sachlich, objektiv (auch wenn der Zeuge ein Betroffener ist), Berichtstil • keine Spannung aufbauen (z. B. durch Spannungsmelder wie *plötzlich, auf einmal*) • indirekte Rede zur Wiedergabe von Äußerungen anderer Personen • Zeitform (Tempus): Präteritum

➲ Rätselzeit – Der Lösung auf der Spur

16 senkrecht: *Womit verletzt Kriebl den jungen Polizisten Afrim lebensbedrohlich?*

Trage die Antwort in das Kreuzworträtsel auf Seite 33 ein.

7. Kapitel | 25. Dezember 5:15 Uhr

➲ Aufgabe 1

a) Richtig oder falsch? Kreuze an.

Aussage	trifft zu	trifft nicht zu
❶ Kriebl ist im Besitz von Menschicks Waffe.		
❷ Elom wird von Kriebl vor den Friedhofstoiletten überrascht.		
❸ Matthias rächt sich an dem Afrikaner für die Wunde durch den Steinwurf.		
❹ Sabrina hilft Matthias, die Beute zurückzubekommen.		
❺ Phil macht sich Vorwürfe, Kriebl nicht gefesselt zu haben.		

b) Verbessere die falschen Aussagen aus Aufgabenteil a) und schreibe die korrigierten in dein Deutschheft.

➲ Aufgabe 2: Zusammenfassendes Schreiben

Fasse den Inhalt des siebten Kapitels anhand der folgenden Stichpunkte zusammen. Die Stichpunkte sind allerdings durcheinandergeraten, du musst sie also zuerst in die richtige Reihenfolge bringen. Schreibe in dein Deutschheft.

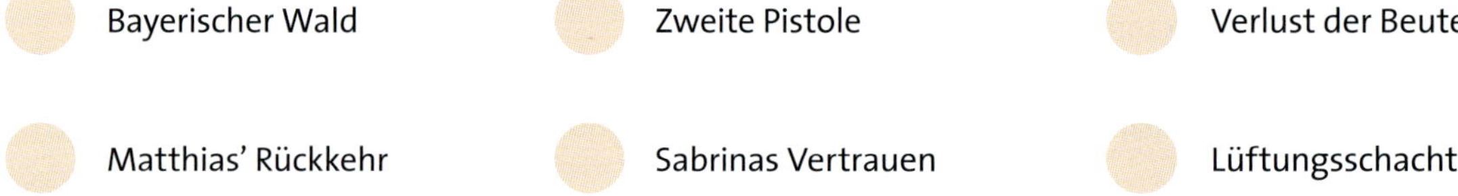

◯ Bayerischer Wald	◯ Zweite Pistole	◯ Verlust der Beute
◯ Matthias' Rückkehr	◯ Sabrinas Vertrauen	◯ Lüftungsschacht

➲ Aufgabe 3 (Wahlaufgabe)

Gib an, aus welchen Figurenperspektiven auf den Seiten 239 bis 241 erzählt wird, und zitiere jeweils eine sinnvolle Textstelle. Schreibe in dein Deutschheft.

➲ Rätselzeit – Der Lösung auf der Spur

17 ***waagerecht:*** *Was verursachte der Anblick seines ersten Schwerverletzten bei Kriebl, als er noch Sanitäter gewesen war?*

Trage die Antwort in das Kreuzworträtsel auf Seite 33 ein.

8. Kapitel | Drei Stunden früher

Aufgabe 1

a) Richtig oder falsch? Kreuze an.

Aussage	trifft zu	trifft nicht zu
❶ Matthias empfiehlt einer Krankenschwester, zwei Ärzte zu rufen.		
❷ Sabrina stellt Matthias auf dem Weg aus dem Krankenhaus ein Bein, sodass dieser zu Fall kommt.		
❸ Vor dem Krankenhaus überwältigt Kriebl den Fahrer des Krankenwagens und kann damit flüchten.		
❹ Während der Flucht ignoriert er eine rote Ampel.		
❺ Kriebl sieht die Polizeiautos, die ihn verfolgen, im Rückspiegel.		

b) Verbessere die falschen Aussagen aus Aufgabenteil a) und schreibe die korrigierten in dein Deutschheft.

Aufgabe 2

Suche für jeden Handlungsschritt jeweils die passende Textstelle heraus und zitiere sie wörtlich.

a) Sabrina verlässt das Zimmer mit Matthias und verhält sich so, als wäre sie auf dessen Seite.

b) Matthias spielt einem Taxifahrer vor dem Krankenhaus vor, er sei von der Polizei, es handele sich um einen Notfall und er brauche den Wagen.

c) Sabrina steigt auf der Beifahrerseite ein und Kriebl zieht den überrumpelten Taxifahrer aus dem Wagen.

Rätselzeit – Der Lösung auf der Spur

18 waagerecht: *Von welcher Automarke ist das Taxi, das Kriebl zur Flucht benutzt?*

Trage die Antwort in das Kreuzworträtsel auf Seite 33 ein.

9. Kapitel | 25. Dezember 5:23 Uhr

Aufgabe 1

a) Richtig oder falsch? Kreuze an.

Aussage	trifft zu	trifft nicht zu
❶ Sabrina stürzt sich auf Matthias, um ihn aufzuhalten.		
❷ Matthias kann das Mädchen mühelos abschütteln.		
❸ Die Brüder nutzen die Gelegenheit, aus der Friedhofstoilette zu verschwinden.		
❹ Sabrina gelingt es, die Beute an sich zu nehmen.		
❺ Chris und Phil denken sich eine Notlüge aus, wie es zu Phils Verletzung gekommen ist.		

b) Verbessere die falschen Aussagen aus Aufgabenteil a) und schreibe die korrigierten in dein Deutschheft.

Aufgabe 2: Zusammenfassendes Schreiben

Nachdem du in den vorherigen Kapiteln bereits Inhaltsangaben vervollständigt hast, bist du jetzt in der Lage, selbst eine komplette Inhaltsangabe zu diesem Kapitel zu verfassen. Schreibe die Inhaltsangabe in dein Deutschheft.

Rätselzeit – Der Lösung auf der Spur

19 waagerecht: *Womit schraubt Phil die Abdeckung des Lüftungsschachtes wieder fest?*

Trage die Antwort in das Kreuzworträtsel auf Seite 33 ein.

10. Kapitel | 3. Januar 10:57 Uhr

Aufgabe 1

a) Richtig oder falsch? Kreuze an.

Aussage	trifft zu	trifft nicht zu
❶ Chris möchte im Einkaufszentrum Babynahrung für Phil kaufen.		
❷ Phils Verletzungen sind mittlerweile komplett verheilt.		
❸ Die Brüder begegnen Menschick, die ihnen erzählt, dass Afrim überlebt hat.		
❹ Menschick klärt Chris und Phil darüber auf, dass der Staatsanwalt alle Beweise gegen sie vorliegen hat.		
❺ Chris und Phil erhalten Post aus der Schweiz.		

b) Verbessere die falschen Aussagen aus Aufgabenteil a) und schreibe die korrigierten in dein Deutschheft.

Aufgabe 2

Gib den Inhalt des zehnten Kapitels mithilfe eines Stichwortzettels mündlich wieder. Fertige dir hierfür zunächst einen Stichwortzettel an.
Tipp: *Als Stichwortzettel kannst du zum Beispiel eine Karteikarte verwenden. Die Karteikarte sollte allerdings nicht zu klein sein, Postkartenformat bietet sich an.*

Vorarbeit: Einen Stichwortzettel anlegen

1. Teile das Kapitel in Sinnabschnitte ein, nutze dazu die Erzählpassagen des Buches.
2. Finde zu jedem dieser Abschnitte passende Zwischenüberschriften.
3. Beantworte, sofern möglich, die W-Fragen (Wer? Wo? Wann? Was? Wie? Warum? Welche Folgen?).
4. Teile deine gewählten Abschnitte in Handlungsschritte ein.
5. Schreibe deine gefundenen Handlungsschritte stichpunktartig in der richtigen Reihenfolge auf.

✓ Checkliste: Kriterien für einen guten Stichwortzettel

- Deine Schrift ist groß und ordentlich.
- Dein Stichwortzettel ist durch Nummerierungen oder Aufzählungszeichen strukturiert.
- Wenn du mehrere Karteikarten als Moderationskarten für deinen mündlichen Vortrag verwendest, beschrifte jede Karteikarte nur auf einer Seite.
- Mit Markierungen oder Unterstreichungen werden wichtige Schlagwörter hervorgehoben.
- Es befinden sich keine unwichtigen Informationen auf deinem Stichwortzettel.
- Dein Stichwortzettel ist nicht zu voll. Einige Schlagwörter pro Stichwortzettel genügen.

✓ Checkliste: Kriterien für einen guten mündlichen Vortrag

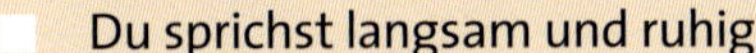

- Du sprichst langsam und ruhig.
- Deine Aussprache ist laut und deutlich.
- Du sprichst Hochdeutsch.
- Du machst an geeigneten Stellen kurze Sprechpausen.
- Du hältst Blickkontakt mit deinem Publikum und schaust nicht nur auf deinen Stichwortzettel.
- Dein Vortrag ist weitgehend frei. Dein Stichwortzettel dient dir nur als Gedankenstütze, wenn du einmal nicht mehr weiterweißt.

Tipp: *Übe deinen mündlichen Vortrag zwei- oder dreimal, bevor du ihn vor Publikum hältst.*

Rätselzeit – Der Lösung auf der Spur

20 waagerecht: *Womit vergleichen Chris und Katrin Menschick den operierten Phil?*

Trage die Antwort in das Kreuzworträtsel auf Seite 33 ein.

Epilog

> !
> Die Erklärung des Begriffs **Epilog** findest du auf Seite 6 in diesem Heft.

Im Epilog wird, wie im Prolog, aus der Sicht von Sabrina erzählt. Der Epilog enthält ebenfalls keine genaue Zeitangabe und ist auch durch kursive Schrift besonders hervorgehoben. Der Leser erfährt nun, wie es mit Sabrina nach der Flucht mit dem Auto weitergegangen ist. Dass sie mittlerweile in Österreich angekommen ist, hast du als Leser bereits im letzten Kapitel erfahren. Sie hat Phil und Chris von dort einen Teil der Beute mit der Post geschickt.

➲ Aufgabe

Bearbeite die Teilaufgaben a) bis d) zum Epilog des Romans. Antworte in vollständigen Sätzen.

a) Sabrina hat ihr Äußeres verändert, um in der Öffentlichkeit nicht gleich erkannt zu werden (z. B. auf Fahndungsfotos). Beschreibe Sabrinas neues Aussehen.

b) Wo befindet sich die 16-Jährige und wie ist sie an dieses Versteck gekommen?

c) Welchen Trick hat Sabrina schon mehrfach angewendet, um unbemerkt durch Österreich zu reisen?

d) Erläutere Sabrinas Gefühle, die in dieser Textstelle deutlich werden.

> „Nur kam es ihr manchmal noch wie ein Traum vor. Sie fühlte sich sehr, sehr frei. Aber etwas fehlte."
> (S. 268, Z. 21–24)

➲ Rätselzeit – Der Lösung auf der Spur

21 waagerecht: *Als was empfindet Sabrina ihre Flucht?*

Trage die Antwort in das Kreuzworträtsel auf Seite 33 ein.

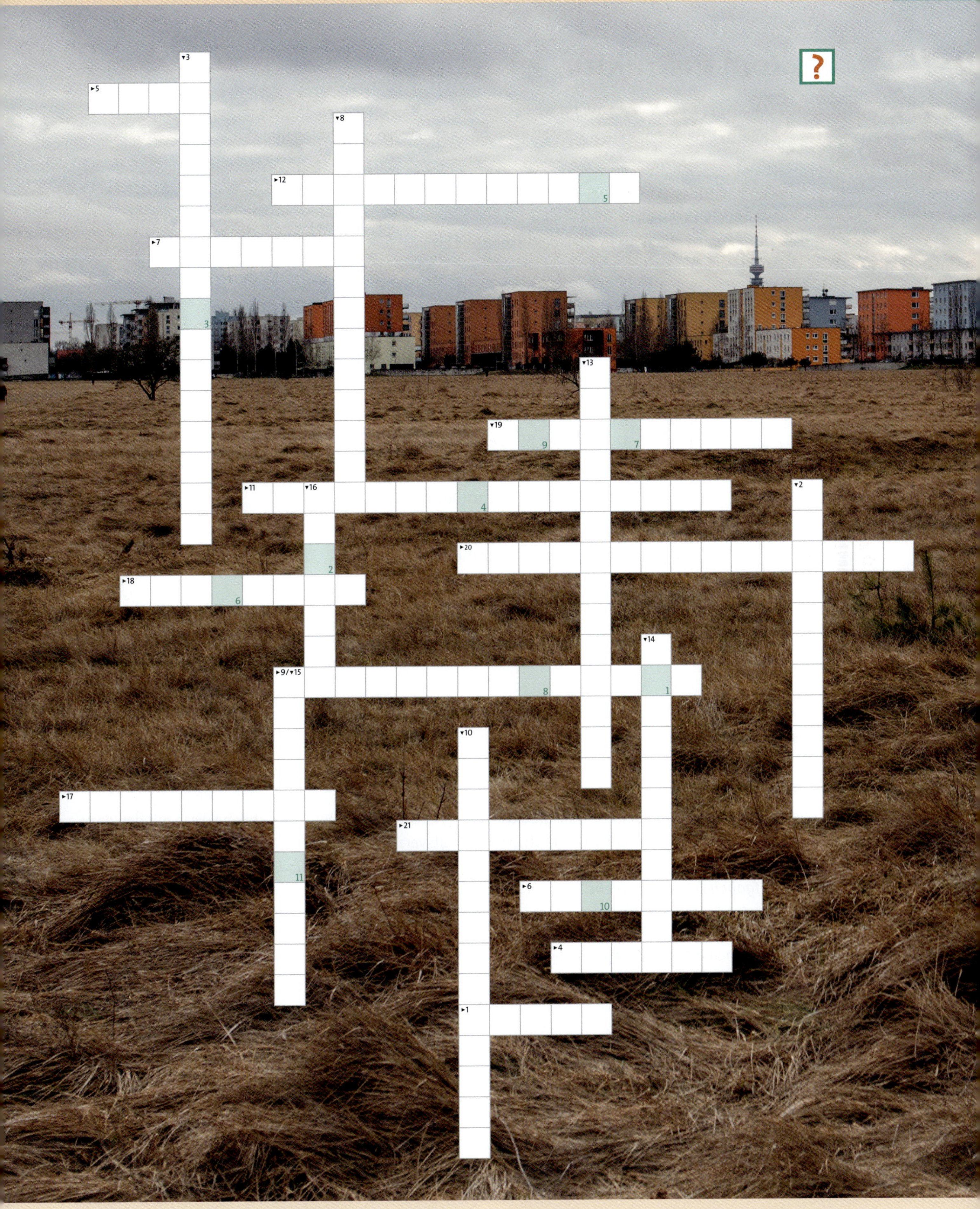

?

Lösungswort

Hinweis

Die gesuchten Lösungen müssen in diesem Kreuzworträtsel gemäß der üblichen Rechtschreibung als Umlaute Ä, Ö, Ü eingetragen werden.

IV. Romanstruktur

> **!**
> Die Erklärungen der Fachbegriffe **Prolog** und **Epilog** findest du in der Wissensbox auf Seite 6 in diesem Arbeitsheft.

Der Roman *Jackpot – Wer träumt, verliert* ist in **zehn Kapitel** unterteilt, die sich von ihrem Umfang her sehr unterscheiden. Gerahmt werden die zehn Kapitel von einem **Prolog** und einem **Epilog.**

Die erste Erzählepisode in *Jackpot – Wer träumt verliert,* der Prolog, schildert Ereignisse zwischen Sabrina und Matthias. Dabei werden die Geschehnisse aus Sabrinas Sicht erzählt. In der letzten Erzählepisode des Romans, dem Epilog, wird erneut aus der Sicht Sabrinas erzählt, was inzwischen aus ihr geworden ist. Der Roman endet offen, weil der Leser nicht erfährt, was aus den Brüdern Chris und Phil, aus Elom und den anderen geworden ist oder wie Sabrinas Flucht weitergeht.

Prolog

1. Kapitel: 22. Dezember 15:43 Uhr
2. Kapitel: 23. Dezember 7:11 Uhr
3. Kapitel: 24. Dezember 1:26 Uhr
4. Kapitel: 25. Dezember 2:39 Uhr
5. Kapitel: 4:06 Uhr
6. Kapitel: Drei Stunden früher
7. Kapitel: 25. Dezember 5:15 Uhr
8. Kapitel: Drei Stunden früher
9. Kapitel: 25. Dezember 5:23 Uhr
10. Kapitel: 3. Januar 10:57 Uhr

Epilog

Rahmenstruktur

Die Kapitelüberschriften bezeichnen immer konkrete Zeitangaben, meistens sogar genaue Datumsangaben. Diese geben außer der Zeit keine näheren Informationen über die konkrete Handlung der Kapitel.

➲ Aufgabe

Überlege dir eigene Kapitelüberschriften, die sich auf die Handlung beziehen, und schreibe diese mit den dazugehörigen Seiten in dein Deutschheft, ähnlich einem Inhaltsverzeichnis in einem Buch.
Tipp: *Bei besonders langen Kapiteln (z. B. Kapitel 2 und 3) kannst du auch die Einteilung der Leseabschnitte aus den Aufgaben zum Inhalt (siehe S. 10 bis 23 in diesem Heft) übernehmen, wenn es dir leichterfällt, Überschriften zu den Leseabschnitten als zu dem gesamten Kapitel zu finden.*

Beispiele für inhaltsbezogene Kapitelüberschriften wären:

Prolog .... S. 5 f.
Eine unangenehme Begegnung
oder
Der Plan zum Neuanfang

22. Dezember 15:43 Uhr .... S. 9–38
Der große Fund
oder
Wie alles begann

Epilog .... S. 267 f.
Neuanfang in Österreich
oder
Sabrinas neues Leben

V. Techniken des Erzählens

Was macht die Erzählweise in Stephan Knösels Jugendkrimi so besonders? Um diese Frage beantworten zu können, lernst du als Nächstes etwas über das erzähltechnische Handwerkszeug eines Schriftstellers, mit dem dieser seine Geschichten gestalten kann. Dazu wird zum einen auf die Zeitstruktur und zum anderen auf die Erzählstruktur des Romans eingegangen.

1. Zeitgestaltung

Die literarische Gattung der Epik umfasst alle erzählenden (epischen) Texte. In epischen Texten wird in der Regel eine zeitlich fortlaufende *(chronologische)* Handlung dargestellt. Wie im Fall des Romans *Jackpot - Wer träumt, verliert* kann die Handlung aber auch von zeitlichen Vor- und Rücksprüngen durchsetzt sein. Man spricht dann vom sogenannten nicht chronologischen *(anachronischen)* Erzählen.

➲ **Aufgabe 1**

a) Sieh dir auf der vorherigen Seite das Schaubild zum Aufbau des Romans noch einmal genau an und bearbeite dann die Aufgabenteile b) bis e).

b) Gib an, welche Zeitspanne, also wie viele Tage, die Handlung insgesamt umfasst.

____

c) Wann spielen sich die im Prolog und im Epilog geschilderten Ereignisse ab? Ordne diese Erzählepisoden zeitlich in den Gesamtzusammenhang der Romanhandlung ein.

Prolog:

____

____

____

Epilog:

____

____

____

____

d) Außer dem Prolog und dem Epilog gibt es noch drei weitere Kapitel in dem Roman, die Zeitsprünge darstellen. Nenne die entsprechenden Kapitel.

____

____

e) Erkläre, warum der Autor Stephan Knösel solche Zeitsprünge in seinem Roman nutzt.

____

____

!
In der Aufgabenstellung wird hier bewusst vom **Autor** gesprochen und nicht vom **Erzähler**. Näheres dazu erfährst du auf den Seiten 38 bis 41 in diesem Arbeitsheft.

Aufgabe 2 (Wahlaufgabe)

Der Autor Stephan Knösel verwendet bei den Zeitsprüngen im Prolog und in zwei weiteren Kapiteln seines Romans die sogenannte »Rückblendetechnik«, die vielen aus Filmen bekannt ist. Im Downloadbereich findest du ein Arbeitsblatt, womit du dich vertiefend mit dem erzähltechnischen Mittel der Rückblende auseinandersetzen kannst.

Aufgabe 3

Um die Gestaltung der Zeit in einem Roman analysieren zu können, musst du einige Grundbegriffe der Zeitgestaltung beherrschen.

a) Lies die Wissensbox zur Zeitgestaltung in erzählenden Texten und sieh dir das dazugehörige Schaubild an. Bearbeite dann mithilfe der darin enthaltenen Informationen die Aufgabenteile b) und c).

Wissensbox

Im Hinblick auf die ZEITSTRUKTUR eines epischen Textes (z. B. Roman, Kurzgeschichte usw.) wird zunächst zwischen **Erzählzeit** und **erzählter Zeit** unterschieden.

Die **Erzählzeit** meint die Dauer des Lesens (Lesezeit), die du als Leser benötigst, um einen Text zu lesen. Unter der **erzählten Zeit** versteht man den Zeitraum der erzählten Handlung. Diese beträgt in Knösels Kriminalroman *Jackpot – Wer träumt, verliert* zum Beispiel insgesamt 13 Tage.

Der Autor eines Werkes setzt nun die Erzählzeit und die erzählte Zeit zueinander in Beziehung, sodass sich daraus verschiedene **Formen der Zeitgestaltung** ergeben, die unterschiedlich auf den Leser wirken. So entsteht ein Spannungsverhältnis zwischen der Dauer des Geschehens und der Dauer des Erzählens bzw. (Vor-)Lesens. Man unterscheidet demnach **zeitdeckendes Erzählen, zeitdehnendes Erzählen** und **zeitraffendes Erzählen:**

Beim **zeitdeckenden Erzählen** entspricht die benötigte Lesezeit (annähernd) der erzählten Handlung. Dadurch erhält der Leser das Gefühl, das Geschehen unmittelbar mitzuerleben.

Anders verhält es sich beim **zeitdehnenden Erzählen.** Hier ist die Erzählzeit (Lesezeit) länger als die erzählte Zeit, also die geschilderte Handlung. So bekommt die geschilderte Handlung eine besondere Bedeutung im Hinblick auf den gesamten Handlungsverlauf. Die Aufmerksamkeit des Lesers wird auf diesen Handlungsteil gelenkt.

Das Gegenteil wird mit dem **zeitraffenden Erzählen** erreicht. Der Gang der Handlung wird bewusst vorangetrieben, Ereignisse übersprungen oder verkürzt dargestellt. Hier ist die Lesezeit (Erzählzeit) wesentlich kürzer als die Dauer des Geschehens (erzählte Zeit).

Quelle: Fachterminologie angelehnt an Vogt, J. (2002). *Einladung zur Literturwissenschaft* (4. Aufl.). Paderborn: W. Fink.

Verhältnis zwischen Erzählzeit und erzählter Zeit

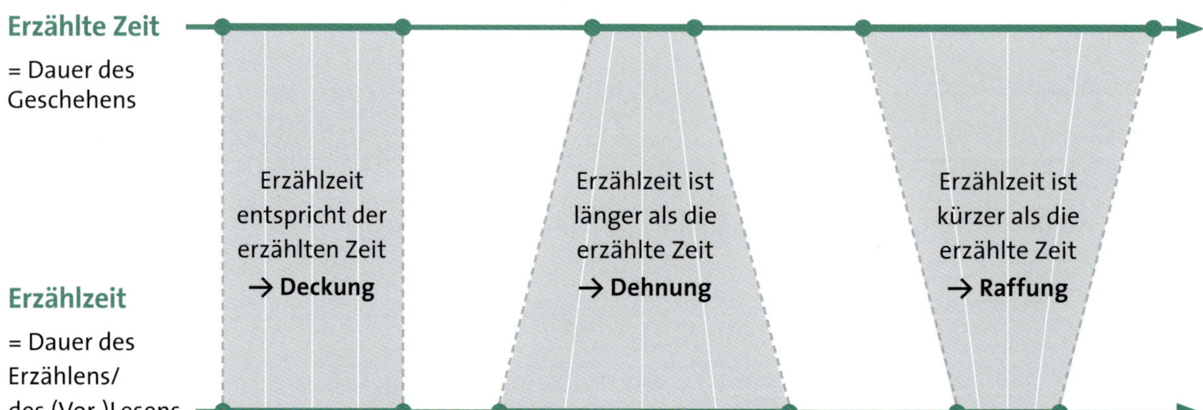

b) Stephan Knösel verwendet in sehr vielen Textpassagen das zeitdeckende Erzählen. Suche drei Textpassagen heraus, in denen die Erzählzeit (ungefähr) der erzählten Zeit entspricht, und schreibe sie heraus. Es genügen die Seiten- und Zeilenangaben zu den Textstellen.
Hinweis: *Die betreffenden Textpassagen können auch über mehrere Seiten gehen.*

Textstelle 1:

Textstelle 2:

Textstelle 3:

c) Suche nach einer Erklärung, warum gerade diese Zeitform des Erzählens für einen Krimi passend ist.

Aufgabe 4

„Etwas unheimlich war es trotzdem in dem Wald. [...] Auf einmal war es wieder so ruhig wie vorher, mit dem monotonen Hintergrundrauschen der Autobahn." (S. 13, Z. 5–S. 14, Z. 2)

a) Lies die ganze Textstelle noch einmal in deiner Lektüre nach.
b) Gib in einem Satz wieder, wovon diese Textstelle handelt, und benenne die Form der Zeitgestaltung, die hier vorliegt.

c) Erkläre, warum der Autor diese Form der Zeitgestaltung für diese Textstelle verwendet. Welche Wirkung wird dadurch beim Leser erzeugt?

2. Erzählerische Mittel der Gestaltung

Die Handlung eines epischen Textes wird von einem Erzähler geschildert, den der Leser mehr oder weniger als eigenständige Figur des Textes wahrnimmst. Wichtig ist, dass du dir darüber im Klaren bist, dass es sich bei dem Erzähler eines epischen Textes *nicht* um den Autor des Werkes (hier Stephan Knösel) handelt. Der fiktive Erzähler, der nur in der »Buchwelt« existiert, und der reale Autor dürfen nicht einfach gleichgesetzt werden.

➲ Aufgabe 1

Genauso wie bei der Analyse der Zeitstruktur musst du einige Grundbegriffe rund um den Erzähler kennen, um die Erzählstruktur eines Romans analysieren zu können.

a) Lies die Wissensbox zu den erzähltechnischen Gestaltungsmitteln Erzählform und Erzählverhalten und bearbeite mithilfe der darin enthaltenen Informationen die Aufgabenteile b) bis e).

Wissensbox

Im Hinblick auf die Erzählstruktur unterscheidet man grundsätzlich zwischen der **Erzählform** und dem **Erzählverhalten.**

Die Erzählform
Es werden zwei Erzählformen unterschieden:

→ **Er-/Sie-Erzähler:** Der Erzähler berichtet über andere Figuren und bleibt selbst im Hintergrund. Er nennt seine Figuren mit ihren Namen oder benutzt die entsprechenden Personalpronomen (persönlichen Fürwörter) in der 3. Person Singular.

→ **Ich-Erzähler:** Der Erzähler bringt sich selbst ins Geschehen ein, spricht auch von sich selbst und verwendet dazu das Personalpronomen der 1. Person Singular.

Das Erzählverhalten
Es gibt drei Varianten des Erzählverhaltens, die durchaus in einem Text auch wechseln können:

→ **auktorialer Erzähler:** Der auktoriale Erzähler ist allwissend, das heißt, er kennt die Gedanken und Gefühle aller handelnden Figuren und weiß auch, was geschehen wird und was bereits geschehen ist. Der allwissende Erzähler kommentiert zudem das Geschehen und das Verhalten der handelnden Figuren. Eine Besonderheit dieses Erzählverhaltens ist, dass der Erzähler unmittelbar mit dem Leser in Kontakt treten und ihn ansprechen kann.

→ **personaler Erzähler:** Dieser Erzähler ist nicht allwissend, er kennt nur die Gedanken und Gefühle seiner Perspektivfigur und betrachtet das Geschehen sozusagen durch ihre Augen. Die Perspektivfigur, in die der Erzähler schlüpft, kann im Laufe der Handlung auch (mehrfach) wechseln. Zudem kann er natürlich auch beobachten, was diese Figur tut. Die Gefühle und Gedanken anderer Figuren kennt er nicht, ihr Verhalten kann er nur von außen beobachten und wiedergeben oder Schlussfolgerungen aus diesem ziehen.

→ **neutraler Erzähler:** Der neutrale Erzähler ist mit einem Kameraauge vergleichbar. Als unbeteiligter Beobachter wird durch ihn das Geschehen lediglich beschrieben, das heißt, er beschränkt sich ganz sachlich auf Handlungsdetails, die er von außen wahrnehmen kann. Die Gefühle und Gedanken der Figuren kennt er nicht.

Quelle: Fachterminologie angelehnt an Diekhans, J. & Fuchs, M. (Hrsg.). (2015). *P.A.U.L. D. Persönliches Arbeits- und Lesebuch Deutsch. Schülerbuch 9.* Paderborn: Schöningh, S. 48.

b) Bestimme die Erzählform der beiden Textstellen. Markiere die entsprechenden Hinweiswörter in den Zitaten.

„Sie hatte nicht damit gerechnet, dass er so früh zurückkommen würde. Er schaute sie mit großen Augen an." (S. 5, Z. 4 f.)

„Phil schaute zu Elom rüber, der neben Kriebls leblosem Körper kniete, dann schaute er wieder auf die Pistole in seiner Hand." (S. 223, Z. 6 f.)

Erzählform:

c) Bestimme das Erzählverhalten in den zwei Textstellen. Begründe deine Entscheidung anhand der Merkmale der verschiedenen Erzähler (auktorial, personal, neutral).

„Im Prinzip hatte sie richtig Glück gehabt, dass sie Elom begegnet war. Bis jetzt jedenfalls. Sie konnte nicht einschätzen, wie gefährlich er und seine Jungs waren. Der Typ mit der Gelfrisur, David, mit dem war bestimmt nicht zu spaßen, auch wenn Elom das im Bus noch abgetan hatte: Elom, der jetzt selber nicht mehr auf Spaßvogel machte, wie vorhin noch." (S. 83, Z. 5-10)

„Chris aß ein Müsli auf der Klappcouch seines Vaters, immer noch halb in Alarmbereitschaft. Falls David doch noch mal zurückkehrte. Aber dann machte es dreimal Klack – als die Tür aufgesperrt wurde –, und Chris stellte erleichtert die Müslischüssel ab, sodass der Löffel darin sich einmal im Kreis drehte, wie in einem Miniaturkarussell. Endlich – Phil." (S. 92, Z. 1-6)

d) Der personale Erzähler in Stephan Knösels Roman wechselt ständig die Figur, aus deren Sicht er erzählt. Was bewirkt dieser häufige Wechsel der Erzählerfigur?

e) Kreuze in der Tabelle jeweils an, ob der Erzähler Bescheid weiß, etwas vermutet oder nur Beobachtungen wiedergibt.

	wissen	vermuten	beobachten
❶ „Sabrina ging in ihr Zimmer und sperrte hinter sich ab. Dann zog sie den Vorhang beiseite, der bei dem wackligen Schrank die Tür ersetzte, und nahm das Bettzeug von dem ausgezogenen Schlafsessel aus Schaumstoff." (S. 45, Z. 11–14)			
❷ „Sie atmete ein, als hätte sie Schwierigkeiten, genug Luft zu bekommen." (S. 110, Z. 10 f.)			
❸ „Aber die Vorstellung von dem Gedrängel, der miefigen Luft, den schreienden Kindern und gestressten Müttern auf der Jagd nach Weihnachtsgeschenken – nein danke. Dafür waren ihm seine letzten fünf Euro zu schade." (S. 12, Z. 8–12)			
❹ „Vor dem Waschbecken betrachtete er sich im Spiegel: die Blutergüsse im Gesicht; die Stiche in der Unterlippe; das geschwollene Auge, die Beule am Wangenknochen." (S. 234, Z. 8–10)			

Aufgabe 2 (Wahlaufgabe)

Schlüpfe nun selbst in die Rolle des Autors. Lies die beiden Aufgabenstellungen und bearbeite *eine* davon.
Hinweis: *Die Teilaufgabe b) ist etwas anspruchsvoller.*

a) Die Geschehnisse in Stephan Knösels Roman werden von einem Er-/Sie-Erzähler geschildert. Nun ist es interessant auszuprobieren, wie sich die Wirkung einer Textstelle verändert, wenn sich die Erzählform ändert. Schreibe die Anfangsszene, in der Chris in Richtung Unfallstelle joggt (siehe S. 10, Z. 13 bis S. 11, Z. 13), in eine Ich-Erzählung um.

b) Nachdem du herausgefunden hast, dass Stephan Knösel in seinem Roman einen personalen Erzähler verwendet, der in verschiedene Figuren schlüpft, ist es jetzt interessant auszuprobieren, wie sich die Wirkung einer Textstelle verändert, wenn das Erzählverhalten wechselt.
Schreibe die Textstelle, in der Katrin Menschick die vermeintliche Geldtasche mit dem Diebesgut öffnet (siehe S. 111, Z. 3 bis S. 111, Z. 26), um. Verwende einen auktorialen Erzähler, der nicht nur die Geschehnisse schildert, sondern die Gedanken sowie Gefühle aller Figuren kennt und über Vergangenes Bescheid weiß. Dieser sogenannte allwissende Erzähler darf auch das Verhalten der Figuren kritisch betrachten, kommentieren und werten.

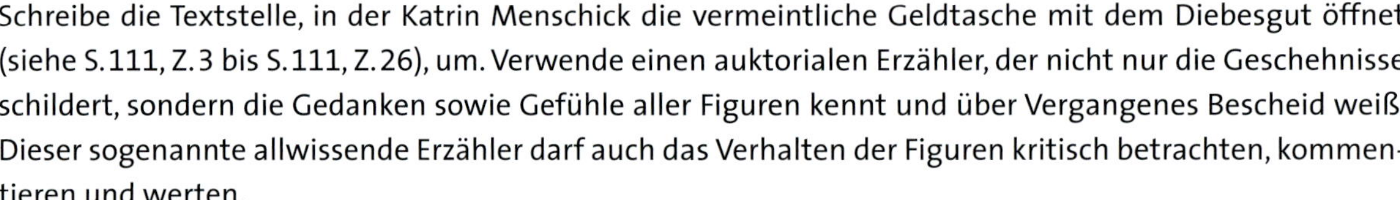

Aufgabe 3 (Wahlaufgabe)

Außer der Erzählform und dem Erzählverhalten hat der Autor einer Erzählung noch weitere Möglichkeiten, seinen Text zu gestalten.

a) Lies die Wissensbox zu den erzähltechnischen Gestaltungsmitteln Erzählperspektive, Erzählerstandort und Erzählhaltung und bearbeite mithilfe der darin enthaltenen Informationen die Aufgabenteile b) bis d).

Wissensbox

Drei weitere STRUKTURBEGRIFFE DER ERZÄHLTECHNIK sind die **Erzählperspektive,** der **Erzählerstandort** und die **Erzählhaltung.**

Die Erzählperspektive

Die Erzählperspektive ist der Blickwinkel des Erzählers. Sie beeinflusst, wie der Leser die geschilderte Handlung wahrnimmt.

→ **Außensicht:** Wenn der Erzähler die Außensicht einnimmt, kann er nur das wissen, was er beobachten kann (äußere Handlung) und was aus seinen Beobachtungen zu erschließen ist.

→ **Innensicht:** Berichtet der Erzähler aus der Innensicht heraus, kann er in die betreffende Figur hineinsehen und weiß somit über ihre Gedanken und Gefühle (innere Handlung) Bescheid.

Der Erzählerstandort

geringe Distanz/nah

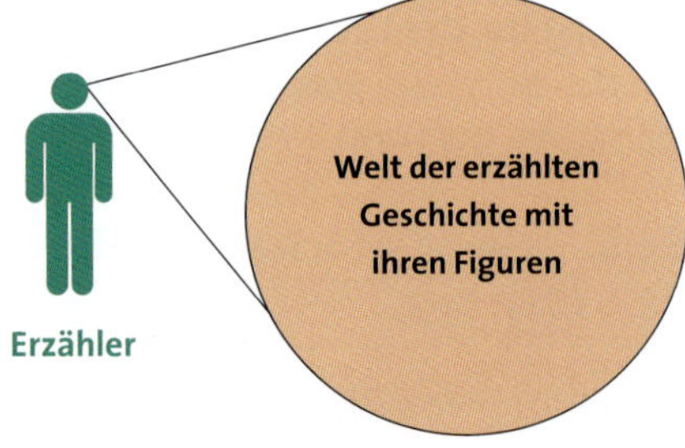

große Distanz/fern

Wichtig ist auch, von welchem Standort aus der Erzähler berichtet. Er kann sehr nah an den Figuren und dem Geschehen sein und somit aus nächster **Nähe** erzählen oder als eher Unbeteiligter aus der **Ferne** erzählen, was es ihm aber ermöglicht, die gesamte Handlung im Überblick zu haben. Befindet sich der Erzähler in großer Distanz zum Geschehen, wird von einem »olympischen Erzähler« gesprochen.

Die Erzählhaltung

Der Erzähler kann zu seinen Figuren, ihren Handlungen und dem Verlauf des Geschehens unterschiedliche Haltungen einnehmen. Er kann seinen Figuren und ihren Handlungsweisen neutral, aber z. B. auch ablehnend oder zustimmend, ironisch, kritisch oder mitfühlend gegenüberstehen.

Quelle: Fachterminologie angelehnt an Diekhans, J. & Fuchs, M. (Hrsg.). (2015). *P.A.U.L. D. Persönliches Arbeits- und Lesebuch Deutsch. Schülerbuch 10.* Paderborn: Schöningh, S. 295–297.

b) Suche für die beiden Erzählperspektiven jeweils eine passende Textstelle heraus und zitiere sie wörtlich.

Innensicht: ______________________________

____

____

____

____

Außensicht: ______________________________

____

____

____

____

c) Gib an, welchen Standort der Erzähler im Roman einnimmt, und erkläre, womit dies zusammenhängt.

____

____

____

____

____

d) Untersuche die Textstelle im Hinblick auf die Haltung, die der Erzähler hier einnimmt. Markiere hinweisende Wörter oder Formulierungen in der Textstelle und benenne die verwendete Erzählhaltung.

„Nachdem er fertig gegessen hatte, betrachtete er die Visitenkarte, die der Bulle ihm zugesteckt hatte. [...] Dieser Scheißkerl! Es war so einfach, den harten Mann zu geben – mit Pistole, Handschellen und Polizeimarke." (S. 161, Z. 11–17)

Erzählhaltung: ______________________________

VI. Figuren und ihre Beziehungen

Die Figuren sind die Handlungsträger einer Erzählung. In diesem Kapitel setzt du dich mit den wichtigsten Figuren des Romans und ihren Beziehungen auseinander.

1. Familie Müller – Ein tragisches Familienschicksal

Zur Familie Müller gehören die Brüder Chris und Phil (Philip) sowie ihr Vater, dessen Name im Roman nicht genannt wird. Die Mutter ist bereits vor Einsetzen der Romanhandlung bei einem Autounfall ums Leben gekommen. Der einzige Verwandte, der erwähnt wird, ist Onkel Willi aus Österreich.

Die Brüder Chris und Phil

Aufgabe 1

Ordne die Angaben aus der Wörterbox den Jugendlichen Chris und Phil zu und schreibe sie in die entsprechende Spalte der Tabelle.
Hinweis: *Einige Angaben treffen auf beide Figuren zu.*

Chris Müller	Philip Müller

Wörterbox

bartloses Kinn – mutig – misstrauisch – hilfsbereit – groß, muskulös – 17 Jahre – 14 Jahre – verantwortungsbewusst seinem Bruder gegenüber – 1,63 m groß, 50 kg schwer – wohnt im Münchner Stadtbezirk Hasenbergl – bewundert seinen Bruder manchmal – kennt die Großeltern nur aus Erzählungen – kein Morgenmensch – kann auch die Fassung verlieren, wenn ihn etwas emotional berührt – verliebt in Sabrina – sucht keinen Ärger, geht ihm aber auch nicht aus dem Weg – fühlt sich oft alleingelassen – lässt seinen Bruder nicht im Stich – ist die neue Wohnsituation peinlich vor seinen Freunden – erinnert sich gerne an vergangene Urlaube – war beim Unfall seiner Mutter Beifahrer – verstand sich früher besser mit seinem Bruder

Aufgabe 2

Wenn man den Charakter einer Figur beschreiben will, gibt es zwei Arten: die direkte Charakterisierung und die indirekte.

a) Sieh dir das Schaubild zu den verschiedenen Varianten der direkten und indirekten Charakterisierung genau an.

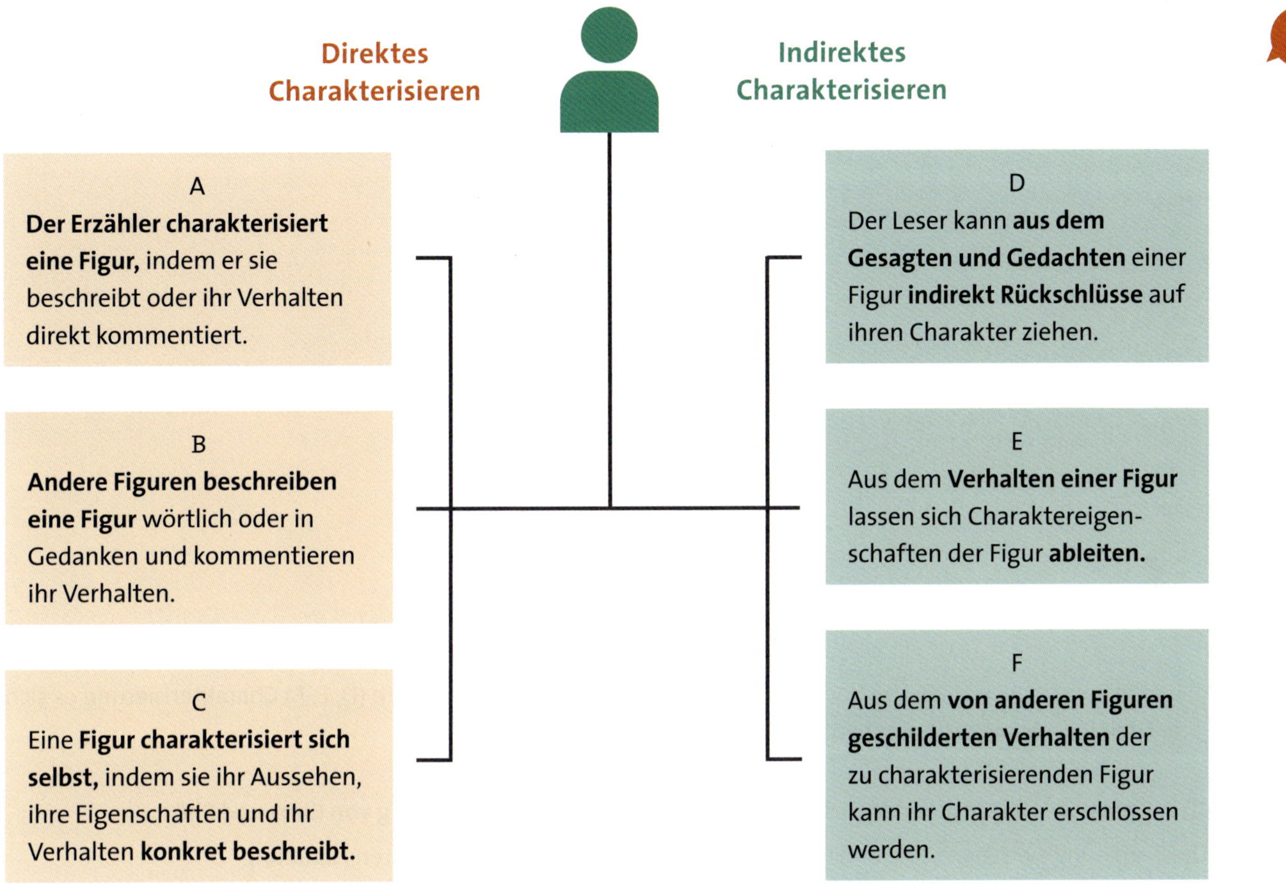

Quelle: Differenzierung der Charakterisierungsarten orientiert an http://teachsam.de/deutsch/d_literatur/d_aut/aic/aic_fen_3_6_2.htm [eingesehen am 18.07.2022]

b) Entscheide mithilfe der Erklärungen aus dem Schaubild, um welche Variante der Charakterisierung es sich bei den folgenden Textstellen handelt. Ordne die Textstellen der jeweiligen Variante der Charakterisierung zu, indem du den entsprechenden Buchstaben davor schreibst.

☐ „[Sabrina] sagte: »Schade, Elom. Und ich hab schon gedacht, wir könnten Freunde werden.«" (S. 84, Z. 9 f.)

☐ „Afrim zog etwas unsicher seine Pistole und hielt sie warnend halb nach vorne, halb nach unten gerichtet, als er sich vorsichtig dem Wagen näherte." (S. 23, Z. 7–9)

☐ „Sabrina konnte sehen, wie David mit den Kiefern malmte." (S. 91, Z. 24)

☐ „Phil hatte schöne Augen, das musste sie zugeben." (S. 157, Z. 22)

☐ „»Ich hab nie behauptet, dass ich normal bin«, sagte Chris." (S. 120, Z. 13 f.)

☐ „Sabrina musste nicht schauspielen, die Tränen kamen ihr einfach. Sie schüttelte langsam den Kopf. Dann ging sie an Chris vorbei und blieb genau in der Schusslinie zwischen Matthias und Phil stehen." (S. 220, Z. 10-13)

c) Lies dir die Seiten 51, 58, 84f. und 254 noch einmal durch. Auf diesen Seiten findest du direkte und indirekte Informationen zu den Figuren Chris und Phil, die in der Wörterbox von Aufgabe 1 auf Seite 42 noch fehlen. Fülle die nachstehende Tabelle aus, indem du die entsprechenden Textstellen (mit Seiten- und Zeilenangaben) und die charakterisierenden Informationen, z. B. Adjektive, ergänzt.

	Direkte Charakterisierung	Indirekte Charakterisierung
Chris		
Phil		

d) Ordne jeweils zu, um welche Variante der direkten (A, B, C) und indirekten (D, E, F) Charakterisierung es sich bei den Beispielen aus Aufgabenteil c) handelt.

➲ Aufgabe 3: Interpretierendes Schreiben – Die Entwicklung der Beziehung von Chris und Phil

Die Beziehung zwischen Chris und Phil verändert sich im Laufe der turbulenten Handlung.

a) Beschreibe und erläutere mithilfe der angegebenen Textstellen die Entwicklung der Beziehung zwischen den beiden Brüdern. Achte darauf, dass du alle Informationen aus den Textstellen in deiner Darstellung berücksichtigst. Schreibe einen zusammenhängenden Text in dein Deutschheft.
Tipp: *Schlage die Textzusammenhänge der Zitate gegebenenfalls noch einmal in deiner Lektüre nach.*

„Als Kinder hatten sie auch nur ein Zimmer gehabt, aber da hatten sie sich noch verstanden." (S. 10, Z. 19 f.)

„Zwar auch ein Bruder weniger. Der blöde Sack – will ihn einfach sitzen lassen. Aber was soll's? Im Prinzip war er jetzt schon eine Ein-Mann-Familie." (S. 10, Z. 25–27)

„Chris lachte. Obwohl er so wütend war, dass er seinem Bruder am liebsten eine reingehauen hätte." (S. 33, Z. 5 f.)

„»Warum streiten wir uns eigentlich dauernd?«, fragte Chris." (S. 34, Z. 7)

„Chris malte sich das so aus: Phil würde nichts ahnend in die Wohnung kommen, die Skier sehen und ihn fragend anschauen – und Chris würde auf den Brustbeutel deuten und sagen: »Schau da mal rein!«" (S. 74, Z. 17–20)

„»Ich sag dir jetzt mal, was ich gleich meinem Bruder sagen werde, von wegen Sarg bestellen und so. Ich werd ihm sagen, dass mir im Treppenhaus jemand begegnet ist – so ein Kotzbrocken, der David heißt. Hast du Probleme mit dem, Bruderherz? Wenn ja, morgen ist Weihnachten, darfst dir was wünschen.«" (S. 91, Z. 16–23)

„»Du bist echt 'ne Nummer! Manchmal frag ich mich schon, ob du als Kind vielleicht nicht einen Purzelbaum zu viel gemacht hast. Ich meine, wie kann man denn da schlafen mit so viel Kohle unterm Hintern? Und wieso hast du mir gestern nichts davon erzählt?« Phil hockte sich neben ihn. Die Antwort lag ihm anscheinend am Herzen. [...] Während er sie aus dem Augenwinkel beobachtete, sagte Chris beiläufig zu Phil: »Willst du eine ehrliche Antwort? Kann ich dir aber nicht empfehlen.«" (S. 103, Z. 26–S. 104, Z. 5)

„Phil drückte mit dem Daumen länger auf die *1*, dann hielt er sich das Handy ans Ohr. Die Stimme seines Bruders versetzte ihm einen Stich. [...] »Phil, Scheiße, die sind hinter mir her!«" (S. 165, Z. 16–20)

„Chris konnte sehen, dass der Putz an der Stelle absprang, wo der Türgriff aufschlug, noch bevor er Phil erkannte. Phil, der in der einen Hand das japanische Fischmesser hielt [...] und in der anderen den silberfarbenen Baseballschläger mit der Gummibeschichtung am Griff." (S. 175, Z. 4–10)

„Phil musterte Chris. Seinen *kleinen* Bruder. Phil kam nicht umhin, ihn dafür zu bewundern. So was musste man erst mal bringen." (S. 179, Z. 23-25)

„Phil fragte sich, was mit Chris passieren würde, nachdem er den Typ zur Beute geführt hatte? Danach würde Chris auch nicht mehr gebraucht werden." (S. 207, Z. 25–27)

„Dann hörte er noch etwas: Schritte. Schnelle Schritte. Auf einmal stand Chris in der Tür. [...] »Glaubst du, du wirst mich so einfach los?« [...] »Ich hab einen Plan! Oder wenigstens einen halben Plan. Erklär ich dir später.« Er streckte Phil die Hand entgegen und half ihm auf die Beine." (S. 255, Z. 9–18)

„Chris lachte. »Hat dir eigentlich schon mal jemand gesagt, dass du wie der Elefantenmensch in diesem Schwarz-Weiß-Film klingst?« »Oh ja – der Typ, der gleich genauso klingt ...«" (S. 265, Z. 22–25)

b) Entwickelt zu zweit mehrere Standbilder, die den Verlauf der Beziehung der Brüder darstellen.

Hinweis: *Wenn ihr Informationen zur Methode »Standbild« benötigt, findet ihr im Downloadbereich ein Methodenblatt dazu.*

Aufgabe 4 (Wahlaufgabe)

Am Ende des Romans wird eine sogenannte »Leerstelle« eröffnet. Chris und Phil erhalten von Sabrina einen Teil der Beute per Post geschickt. Wie es mit den beiden Brüdern weitergeht, bleibt jedoch offen. Schreibe eine Fortsetzung des Romans in dein Deutschheft, in der du das weitere Leben der beiden beleuchtest. Versuche den Schreibstil (Wortwahl, Satzbau usw.) und die Erzähltechnik, die Stephan Knösel verwendet, beizubehalten.

Überlege dir, bevor du mit dem Schreiben beginnst, zunächst Antworten auf einige offengebliebene Fragen, z. B.: Wie ergeht es Chris' und Phils Vater nach seinem Alkoholentzug? Geht Phil wirklich zur Bundeswehr? Sehen sich Phil und Sabrina wieder?

! Gehe diese Aufgabe erst an, nachdem du das Kapitel VII bearbeitet hast.

Die Familiengeschichte der Müllers

Aufgabe 5

Bereits im ersten Kapitel erhält der Leser Andeutungen über die schwierige Situation der Familie Müller. Wie es zu dieser Situation gekommen und was genau Chris' und Phils Eltern passiert ist, erfährt man erst im dritten Kapitel (siehe S. 109–194).
Vervollständige die folgende Ursachenkette (Flussdiagramm), indem du entweder die Situation beschreibst oder eine passende Textstelle als Beleg hinzufügst. Bei einigen Kästchen musst du sowohl die Beschreibung als auch den Textbeleg ergänzen.

1. Familie Müller – Ein tragisches Familienschicksal

Hinweis: *Da du als Leser einige Informationen erst durch rückblickende Erzählungen der Figuren erfährst, kommt es im Flussdiagramm manchmal zu Sprüngen, was die angegebenen Seiten des Romans betrifft.*

Die Familie wohnt im Münchner Stadtbezirk Schwabing.	S. 61 „Er hatte sie einfach in dem Glauben gelassen, er würde immer noch in der Bismarckstraße wohnen, dort, wo er auch aufgewachsen war, nur ein paar Straßen von der Schule entfernt, gegenüber der Kirche.“ (Z. 1–4)

↓

Die Müllers sind relativ wohlhabend.	S. 146 „»Da war ich mal«, sagte er. »Im Bayerischen Hof. Familien-Frühstück, hat sich meine Mutter zum Geburtstag gewünscht.« [...] »Na ja. Sehr teuer. Aber auch sehr lecker.«“ (Z. 1–5)

↓

	S. 145

↓

Chris' und Phils Vater verkraftet den Tod seiner Frau nicht. Hinweise für den „Absturz“ des Vaters:	S. 144

↓

Folgen des „Absturzes“:	S. 144

↓

In Hasenbergl sind die Jungen sich selbst überlassen, der Vater bleibt verschwunden.	S. 33 f.
	S. 114
	S. 9 „Das war jedenfalls das Bild, das er damals im Kopf hatte – als sie vor einem halben Jahr den Kleintransporter, den Onkel Willi besorgt hatte, mit Umzugskisten vollpackten." (Z. 12–15) S. 34 „»Weil wir total am Arsch sind, Chris. Weil nur noch fünzig Euro übrig sind von dem Geld, das uns Onkel Willi dagelassen hat.«" (Z. 16–18)
Als Chris zufällig in den Besitz der vier Millionen Euro gelangt, geht er damit nicht zur Polizei.	S. 21
Er wittert eine Chance für die Familie, dem Elend zu entfliehen.	S. 52

2. Sabrina Kostic – Das geheimnisvolle Mädchen

Sabrina tritt völlig unvermittelt in Chris' und Phils Leben und verändert dieses schlagartig. Das 16-jährige Mädchen hat ebenfalls schon eine Menge erlebt und es auch nicht immer einfach gehabt.

➲ Aufgabe 1

Gehe Sabrinas Geheimnissen auf den Grund. Fertige einen Steckbrief zu der Figur an.
Hinweis: *Folgende Seitenzahlen können dir dabei helfen: 16, 24, 26, 43, 46, 48–50, 64f., 74, 97–99, 121, 139, 145, 156f., 185 und 190.*

Steckbrief

Name: ______________________ Alter: ______________________

Aktueller Wohnort: ______________________

Familiäre Situation: ______________________

____

____

____

Kindergarten und Schulbesuch: ______________________

____

Berufswunsch: ______________________

Aussehen: ______________________

____

Einstellungen: ______________________

____

____

____

Charaktereigenschaften: ______________________

____

____

Weitere Informationen: ______________________

____

____

➲ Aufgabe 2

Markiere aus der folgenden Wörterbox drei Adjektive, die deiner Meinung nach am besten auf Sabrina zutreffen, und begründe deine Auswahl.

Wörterbox

unerschrocken – mutig – egoistisch – manipulierend – gefährlich – arrogant – intelligent – clever – tapfer – selbstständig – einsam – hilflos

Begründungen:

____

____

____

____

____

3. Elom und seine Gang

„Das einzig Farbige war jetzt das Einkaufszentrum an der U-Bahn-Station [...]. Chris dachte kurz daran, dorthin zu laufen – auf ein letztes kleine Festmahl bei McDonald's. Bevor es für den Rest des Monats nur noch Müsli und Konserven zu essen gab. Aber die Vorstellung von dem Gedrängel, [...] – nein danke. [...] Außerdem hing dort diese Gang rum, die sich immer in ihrer Siedlung traf." (S. 12, Z. 3–13)

Schon zu Beginn der Lektüre spielt Chris hier auf die Clique von Elom an, zu der auch dessen jüngerer Bruder Yannick und dessen Freunde David und Marvin gehören. Die Jungen kommen Chris, Phil und Sabrina einige Male in die Quere und machen ihnen auch manchmal Schwierigkeiten. Sogar vor kriminellen Handlungen scheuen sie nicht zurück. In diesem Kapitel nimmst du Elom und die Gang nun etwas genauer unter die Lupe.

➲ Aufgabe 1

Innerhalb einer Clique oder Gang gibt es oft eine gewisse Hierarchie (Rangordnung). Jedes Mitglied übernimmt dabei eine bestimmte Rolle. So gibt es Anführer, Mittäter und Mitläufer. Kann man diese Rollen auf die Mitglieder von Eloms Gang übertragen?
Diskutiere mit einem Partner und tragt dann passende Rollenbezeichnungen zu den entsprechenden Figuren in das Schaubild ein. Überlegt euch auch Begründungen für eure Entscheidungen und schreibt diese auf.

!
mögliche Rollenbezeichnungen sind z. B.
- der Schläger
- das Weichei
- der Anführer
- das „Alphatier"
- der Möchtegern-Leitwolf
- der Normale
- der Diplomat
- der Spaßvogel

Begründungen:

➲ **Aufgabe 2 (Wahlaufgabe)**

Im Downloadbereich findest du einen Sachtext zum Thema »Jugendgangs«. Lies den Text aufmerksam und erledige die Arbeitsaufträge dazu. Vergiss nicht, immer auch die Zeilen des Sachtextes anzugeben, in denen du die jeweilige Information für die Antwort gefunden hast, zum Beispiel (vgl. Z. 13).

> **!**
> Ein **Cluster** ist eine grafische Methode zur Darstellung noch ungeordneter Ideen oder Informationen.

➲ **Aufgabe 3**

Über Elom erfährst du als Leser die meisten Details. Vervollständige stichwortartig das Cluster zu dieser Figur.

Hinweis: *Informationen findest du auf den folgenden Seiten: 64–67, 69, 72, 74, 81–83, 101, 132, 161 und 176.*

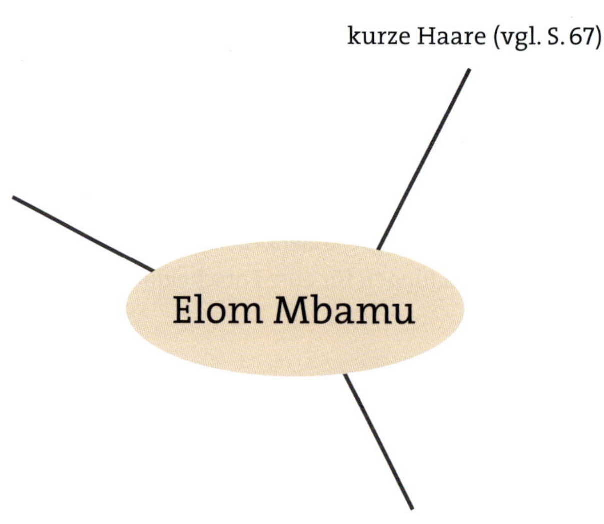

4. Die Erziehungsberechtigten – Eltern mit Vorbildfunktion?

Viele Jugendliche suchen, wenn sie Probleme haben, Hilfe bei ihren Eltern. Die Jugendlichen im Roman nehmen ihre Probleme aber selbst in die Hand, ohne sich an ihre Eltern oder die Polizei zu wenden. Chris, Phil, Sabrina und Elom scheinen nicht genug Vertrauen in ihre Eltern zu haben oder sehen in ihnen keine große Hilfe.

➲ Aufgabe

Beurteile die Erziehungsberechtigten, die im Roman vorkommen bzw. erwähnt werden. Schreibe zunächst Informationen zu den Figuren heraus und suche passende Adjektive, die die Eltern charakterisieren. Nimm zum Schluss Stellung zu der Frage, ob und inwieweit die Eltern ihrer Vorbildfunktion gegenüber ihren Kindern gerecht werden.

Herr Müller S. 34, 114, 144 f.	**Frau Kostic** S. 44, 46, 121 f.	**Frau Mbamu** S. 81, 139 f., 176
Informationen aus dem Text:		
Charakterisierende Adjektive:		
Meine Beurteilung:		

5. Matthias Kriebl – Der Täter

Matthias Kriebl ist der Lebensgefährte von Sabrinas Mutter Elisabeth Kostic. Er hat einen Geldtransporter der Sicherheitsfirma, für die er arbeitet, ausgeraubt, weil er sich in Sabrina verliebt hat und mit ihr ein neues Leben aufbauen möchte. Mit diesem Überfall nehmen die spannenden Geschehnisse im Roman ihren Lauf und es beginnt die Jagd auf die 4-Millionen-Euro-Beute.

➲ Aufgabe 1: Eine Suchmeldung zu Matthias Kriebl

Nach der Lektüre des Romans weißt du natürlich, dass es Kriebl trotz seiner Flucht aus dem Krankenhaus am Ende nicht gelungen ist, an das Geld zu gelangen, und er von der Polizei wieder gefasst worden ist.
Stell dir vor, die Polizeibeamten hätten Kriebl nicht erwischt und er hätte mit dem Geld vom Friedhof aus fliehen können. Nach ihm soll nun landesweit polizeilich gefahndet werden.
a) Lies dir die nachfolgenden Informationen zur Textsorte Suchmeldung aufmerksam durch.

Wissensbox

Die SUCHMELDUNG ist eine sachlich-objektive Personenbeschreibung. Die Person kann entweder mithilfe eines Bildes oder mithilfe von Informationen aus einem Text beschrieben werden. Ziel dieser Aufsatzform ist es, eine Person anschaulich zu beschreiben. Anschaulich bedeutet, dass sich jemand, der in diesem Fall die Lektüre *Jackpot – Wer träumt, verliert* nicht gelesen hat, genau vorstellen kann, wie Matthias Kriebl aussieht und was diese Figur kennzeichnet.

Merkmale einer Suchmeldung

formal	inhaltlich	sprachlich
Einleitung mit dem Zweck der Beschreibung (hier Fahndung nach einem Verbrecher) **Hauptteil** mit näheren Angaben zur gesuchten Person (Name, Geschlecht, mögliches Alter, Nationalität/ Herkunft, Aussehen) **Schluss** (Gesamteindruck und Wirkung der Person, Ansprechpartner für sachdienliche Hinweise)	**wichtige Angaben, die der Erkennung der Person dienlich sind, z. B.** • Statur/Körperbau • Gesicht • Bekleidung • besondere Kennzeichen: auffällige Merkmale (z. B. Narben, Tattoos), Verhaltensauffälligkeiten, Besonderheiten in der Sprache **sinnvolle Ordnung in der Beschreibung:** • entweder kann die Person von oben nach unten bzw. von unten nach oben beschrieben werden • oder die Beschreibung erfolgt nach dem Schema vom Allgemeinen zum Speziellen (Details)	• Zeitform: Präsens • sachlicher Stil • treffende Adjektive • anschauliche Verben, d. h. die Hilfsverben *sein* und *haben* möglichst vermeiden

b) Verfasse eine solche Suchmeldung mithilfe der Informationen, die du im Roman über Matthias Kriebl erhältst. Schreibe in dein Deutschheft.
Hinweis: *Auf diesen Seiten findest du die wichtigsten Aspekte zu Matthias Kriebl: 29, 45–47, 94, 96 f., 121, 124, 128, 200, 219 und 239.*

➲ Aufgabe 2 (Wahlaufgabe)

Gestalte ein Suchplakat, das deutschlandweit zur Fahndung nach Matthias Kriebl aufgehängt werden kann. Du kannst folgende Elemente für das Plakat verwenden: Name, Bild/Zeichnung des Verbrechers, Angabe des Verbrechens, Aussehen, besondere Merkmale, Informationen an z. B. Polizeistelle, Geldprämie für Hinweise.

6. Katrin Menschick und Afrim – Zwei ungleiche Ermittler

Bei der Jagd nach dem Jackpot dürfen natürlich die polizeilichen Ermittler nicht fehlen, die das Verbrechen aufdecken wollen. Im Roman übernehmen Katrin Menschick und Afrim, dessen Nachname nicht genannt wird, diese Aufgabe.

➲ Aufgabe 1

Welches der folgenden Schaubilder stellt deiner Meinung nach am besten die Arbeitsbeziehung zwischen Katrin Menschick und Afrim dar? Kreuze an und begründe deine Entscheidung.

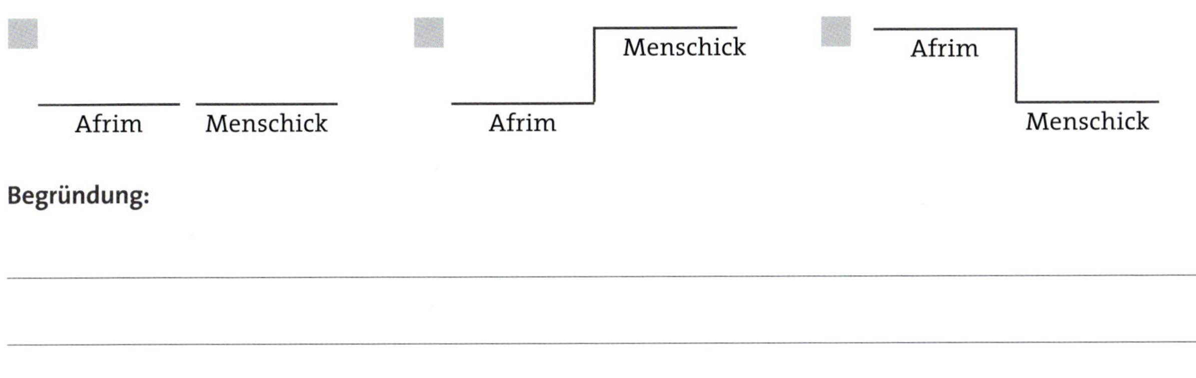

Begründung:

____

____

____

➲ Aufgabe 2

Vergleiche die beiden Ermittler miteinander.

Katrin Menschick S. 27, 41 f., 44, 110, 112, 122, 125, 129–131, 262	Vergleichs-kriterien	Afrim S. 18, 23, 26, 28 f., 44, 48, 69, 118, 176, 186 f.
	← Alter →	
	← Dienstgrad →	
	← Wohnort →	
	← Auftreten →	
	← Einschätzung durch andere Figuren →	
	← Berufliche Vorgehensweise →	
	← Weitere Informationen →	

7. „Beziehungskiste“ – Figuren des Romans im Überblick

Nachdem du dich jetzt mit den Figuren des Romans auseinandergesetzt hast, ist es sinnvoll, die Beziehungen der wichtigsten Figuren und eventuelle Konflikte zwischen ihnen noch einmal klarzumachen. Um die „Beziehungskiste“ eines Romans übersichtlich darzustellen, eignet sich ein sogenanntes Figurennetz.

Wissensbox

Das FIGURENNETZ (auch Figurenkonstellation) ist ein Schaubild, in dem die Figuren eines literarischen Textes, ihre Stellung und ihre Beziehungen zueinander grafisch dargestellt werden. Die Figuren sind durch Verbindungslinien sozusagen miteinander *vernetzt,* weshalb man von einem Figurennetz spricht.

Beispiel für ein Figurennetz

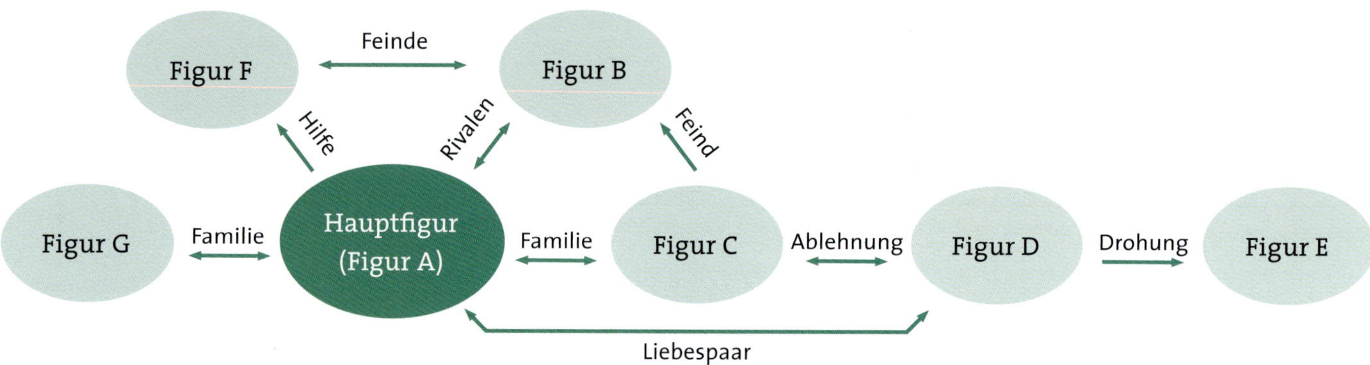

Aufgabe

Fertige in deinem Deutschheft ein Figurennetz zum Roman *Jackpot – Wer träumt, verliert* an.
Tipp: *Überlade dein Schaubild nicht, wähle genau aus, welche Figuren du berücksichtigen möchtest. Du darfst auch Symbole (z. B. ♥ für Liebe, † für verstorben) verwenden, um Beziehungen zwischen den Figuren darzustellen.*

8. Sympathiethermometer

Beim Lesen eines Buches lösen die Figuren häufig unterschiedliche Empfindungen bei dir aus. Für die einen bist du Feuer und Flamme, die anderen lassen dich einfach kalt. Manche Figuren sind von Anfang an Sympathieträger, andere hingegen sind dir eher unsympathisch. Es können aber auch scheinbar widersprüchliche Empfindungen aufkommen, z. B. kann dir eine Figur unsympathisch sein, obwohl ihre Verhaltensweisen in bestimmten Situationen für dich durchaus nachvollziehbar sind.

Aufgabe

a) Erstelle in deinem Deutschheft eine persönliche Sympathieskala in Form eines Thermometers. Wähle fünf Figuren des Romans aus und ordne sie von sehr sympathisch (oben) bis sehr unsympathisch (unten) in die Sympathieskala ein. Verwende für das Zeichnen des Sympathiethermometers eine ganze Heftseite, damit du genügend Platz zum Schreiben hast. Trage die Figurennamen rechts neben dem Sympathiethermometer ein und begründe deine Entscheidung direkt neben dem Namen der jeweiligen Figur.

Hinweis: *Wenn du möchtest, kannst du dir ein vorgefertigtes Arbeitsblatt mit Sympathiethermometer aus dem Downloadbereich ausdrucken und zum Ausfüllen nutzen.*

b) Vergleiche deine Sympathieskala mit denen deiner Banknachbarn und diskutiert in der Kleingruppe unterschiedliche Einschätzungen.

VII. Sprache und Stil

Jeder Schriftsteller besitzt seinen ganz individuellen Schreibstil, in dem er seine Texte verfasst. Dieses Kapitel soll dir einen Einblick in ausgewählte sprachliche Aspekte und Besonderheiten des Romans geben.

1. Die Sprache des Romans im Blick

Die Sprache trägt, ebenso wie Informationen über Aussehen oder Eigenheiten der Figuren, zur Charakterisierung der Handlungsträger bei. Da im Roman *Jackpot – Wer träumt, verliert* hauptsächlich Jugendliche sprechen, denken und fühlen, ist auch die Sprache dementsprechend angepasst. Es fällt schon beim Lesen der ersten Seiten auf, dass die Sprache sehr lebendig ist und dass das Geschriebene sich eher dem mündlichen Sprachgebrauch zuordnen lässt. Deshalb gibt es viele Gedankensprünge, unvollständige Sätze (Ellipsen) oder auch Nebensätze, die von ihren Hauptsätzen durch einen Punkt abgetrennt werden, was genau genommen grammatikalisch falsch ist.

Beispiel für die Mündlichkeit der Sprache in Stephan Knösels Roman:

„Vielleicht – sollte sie sich sogar noch schnell den Finger in den Hals stecken? War das nicht ein schlechtes Zeichen, wenn man sich übergeben musste – Schädeltrauma oder so was?

Dann wäre sie womöglich gar nicht vernehmungsfähig.

Und im Krankenhaus? Würde sie dezent gequält vor sich hin stöhnen – und sich dabei in aller Ruhe schon mal die richtigen Antworten einfallen lassen, bevor die unangenehmen Fragen überhaupt gestellt wurden **von der Polizei.**

Die immer noch nicht hier war.“ (S. 19, Z. 22–30)

– Gedankenstriche kennzeichnen Sabrinas Nachdenken und Überlegungen

unvollständiger Satzbau (Ellipse)

Umkehrung (Inversion) der Stellung des Satzgliedes „von der Polizei“ innerhalb des Satzes

Nebensatz (Relativsatz) wird durch einen Punkt von seinem Bezugswort „Polizei“ abgetrennt.

➲ Aufgabe 1

Untersuche den Textauszug auf Merkmale der gesprochenen Sprache hin, indem du die Besonderheiten wie im Beispiel oben kennzeichnest.

„Wir gehen da jetzt mit einer Knarre rüber und zeigen denen mal, was Respekt ist! Super Plan, echt, herzlichen Glückwunsch! Ich hoffe, dir gefällt's im Irrenhaus! Weil mit der Denke kommst du wenigstens nicht in den Knast! Aber Moment mal – stimmt. Du kommst ja auch gar nicht ins Irrenhaus.“ (S. 102, Z. 17–22)

➲ Aufgabe 2 (Wahlaufgabe): Grammatik-Trainingslager

Wenn du noch Übungsbedarf zu den Bereichen Grammatik (z. B. Satzglieder, Wortarten, indirekte Rede) und Satzbau (z. B. Haupt- und Nebensätze, Satzreihen, Satzgefüge) hast, kannst du dir im Downloadbereich ein Materialpaket mit Aufgaben dazu herunterladen und lösen.

Vergleiche deine Ergebnisse zuerst mit einem Partner. Wenn du dir unsicher bist oder du dich absichern möchtest, frag deine Lehrerin bzw. deinen Lehrer nach den Lösungen.

2. Sprachformen – „Sprachen in der Sprache“

Im Deutschen gibt es verschiedene Ausprägungsformen der Sprache, sogenannte »Sprachvarietäten«, die alle von der Standardsprache (Hochdeutsch) abhängen. Ausgehend von der Standardsprache lassen sich folgende Sprachformen unterscheiden: *Umgangssprache, Mundarten (Dialekte), Gruppensprachen (Soziolekte)* und *Fachsprachen.*

Aufgabe

In dem Schaubild findest du einige Merkmale der verschiedenen Ausprägungsformen der deutschen Sprache.

a) Lies dir zunächst die Kennzeichen der einzelnen Sprachformen aufmerksam durch und bearbeite dann die Teilaufgabe b).

Die deutsche Sprache und ihre Ausprägungen

Standardsprache

- Schriftsprache
- überregional
- Hochdeutsch
- von jedem verstanden
- grammatikalisch korrekte, vollständige Sätze
- Lernziel im muttersprachlichen Deutschunterricht

Gruppensprache (hier Jugendsprache)

- Sprache der Jugend, um sich von Erwachsenen abzugrenzen und eine eigene Gruppenidentität zu bilden (z.B. *am Start sein, gönn' dir*)
- oft eigene Wörter und Ausdrücke (z.B. *Alder, I bims*)

Fachsprache

- fachsprachliche Ausdrucksweise (z.B. medizinische Fachbegriffe, Juristendeutsch)
- dienen zur Verständigung innerhalb eines Sachbereiches

Dialekt

- lokal/regional geprägt
- nicht von jedem verstanden
- eigene Wörter (z.B. *Freck* für Erkältung, *kloor* für lustig/witzig)
- gesprochene Sprachform
- unterscheidet sich von der Standardsprache hinsichtlich Aussprache, Wortschatz und Grammatik oft stark (z.B. *awwa* für aber, *scheen* für schön, *isch hann kalt* für *mir ist kalt*)

Umgangssprache

- Alltagssprache
- locker wirkende Ausdrucksweise
- gesprochene Sprache (z.B. *mal* für *einmal*, *klauen* für *stehlen*, *runter* für *herunter*)
- oft unvollständige Sätze

Quelle: Einteilung der Sprachformen orientiert an Schäfer, S. (2016). *Sprache.* Stuttgart: Klett, S. 18 f.

b) Überfliege die angegebenen Seiten und entscheide, welche Sprachformen außer der Standardsprache (Hochdeutsch) im Roman *Jackpot – Wer träumt, verliert* noch zu finden sind. Belege deine Entscheidungen, indem du jeweils die betreffende Textstelle als Beispiel zitierst.

S. 11

Sprachform: ______________________________

Textbeleg: ______________________________

S. 80

Sprachform: ______________________

Textbeleg: ______________________

S. 105

Sprachform: ______________________

Textbeleg: ______________________

S. 117

Sprachform: ______________________

Textbeleg: ______________________

S. 263

Sprachform: ______________________

Textbeleg: ______________________

3. Sprachstile und Wortwahl – „Für jeden Ort das richtige Wort“

Neben den verschiedenen Sprachformen unterscheidet man weiterhin einige stilistische Varianten der deutschen Sprache. So kann der Sprachstil z. B. gehoben, dichterisch, familiär, salopp, derb oder vulgär sein. Im Roman *Jackpot – Wer träumt, verliert* sind vor allem Jugendliche die Hauptpersonen, weshalb der Sprachstil dir wahrscheinlich nicht gehoben, sondern normal erscheint. Insgesamt wirkt der Sprachstil der Jugendlichen im Roman eher salopp, derb und manchmal auch vulgär.

Aufgabe 1

a) Lies dir die Erklärungen zu den ausgewählten Sprachstilen durch und suche auf den Seiten 14, 19 f., 24, 50, 122, 151 und 198 Belege für den jeweiligen Sprachstil im Roman heraus. Du kannst für die verschiedenen Stile auch mehrere Beispiele angeben.

Sprachstil	Erklärung	Beispiele aus dem Roman
salopp	Wörter, die eher locker, unbekümmert, zwanglos verwendet werden (z. B. *klauen, saufen*)	
derb	Wortgebrauch, der grob und unhöflich wirken kann (z. B. *Fresse, verrecken*)	

Sprachstil	Erklärung	Beispiele aus dem Roman
vulgär	Wörter aus dem Fäkalbereich (z. B. *Dünnschiss, pissen*) und Sexualbereich (z. B. *Pussy, Wichser*), die als ordinär und verletzend empfunden werden können	

Quelle: Einteilung der Sprachstile orientiert an Klösel, H. (2009). *Deutsche Sprache der Gegenwart.* Stuttgart: Klett, S. 27.

b) Die Textstelle Seite 101 (Z. 18) bis 102 (Z. 10) enthält eine Unterhaltung der Gangmitglieder. Sie ist stark jugendsprachlich geprägt und durch eine überwiegend saloppe und zum Teil derbe Ausdrucksweise gekennzeichnet. Formuliere die gesamte Textstelle in Standardsprache um. Schreibe in dein Deutschheft.

➲ Aufgabe 2

a) Ordne den Fremdwörtern die jeweils richtige deutsche Bezeichnung zu, indem du das gleichbedeutende Wort (Synonym) dahinter schreibst.
Hinweis: *Zwei deutsche Wörter aus der Wörterbox, die nicht passen, bleiben übrig.*

Wörterbox

verwundert – belustigt – vortäuschen – reizen – zusammenarbeiten – gefährlich – rücksichtslos

provozieren: ______

riskant: ______

irritiert: ______

bluffen: ______

kooperieren: ______

b) Bilde mit jedem Fremdwort aus Aufgabenteil a) jeweils einen sinnvollen Satz. Schreibe in dein Deutschheft.

4. Sprachliche Gestaltungsmittel – „Der kunstvolle Gebrauch der Sprache“

Die Sprache eines literarischen Textes wird durch sprachliche Mittel (Stilmittel) lebendiger und ausdrucksstärker. Auch im Roman *Jackpot – Wer träumt, verliert* verwendet der Autor einige Stilmittel wie den Vergleich, die Metapher, die Personifikation, die Hyperbel, die Ironie, das Wortspiel u. a.

Hinweis: *Im Downloadbereich findest du zum Nachschlagen eine Tabelle mit einer Auswahl an wichtigen sprachlichen Mitteln mitsamt Erklärungen und ihren Funktionen/Wirkungen.*

➲ Aufgabe 1

Unterstreiche die sprachlichen Mittel, die in den Textstellen verwendet werden, und benenne sie mit dem jeweiligen Fachbegriff.

❶ „[...] irgendwann würde ihn der Wald wieder ausspucken [...]“ (S. 12, Z. 30–S. 13, Z. 1)

Stilmittel: ______________________

❷ „[...] der Neuschnee fiel jetzt noch dichter als vorhin auf der Standspur, die Flocken so dick wie Popcorn.“ (S. 23, Z. 14 f.)

Stilmittel: ______________________

❸ „»Na, wenn das nicht das Christkind ist!«“ (S. 153, Z. 4)

Stilmittel: ______________________

❹ „Vielleicht hatte Matthias das Geld auf der Flucht versteckt. Vielleicht aber auch nicht.“ (S. 155, Z. 28 f.)

Stilmittel: ______________________

❺ „»Schläft wie ein Baby«, sagte er.“ (S. 181, Z. 11 f.)

Stilmittel: ______________________

❻ „Wo der Tod wohnt, hatten sie als Kinder Verstecken gespielt.“ (S. 214, Z. 27 f.)

Stilmittel: ______________________

Aufgabe 2

Unterstreiche zunächst das sprachliche Mittel und erkläre anschließend, was der Autor mit den zwei Metaphern und dem Vergleich ausdrücken möchte.

„Vor allem, wenn man in so einem Loch hauste.“ (S. 10, Z. 10)

____

____

____

„Ihr müsst wissen, der Kerl ist noch mal ein anderes Kaliber als unser Freund David von vorhin.“ (S. 97, Z. 14 f.)

____

____

____

„Marvin hatte schon aufgegeben. Dafür hatte David den Abstand zu ihm bereits halbiert. Wie ein bissiger Hund jagte er ihm hinterher.“ (S. 155, Z. 13-15)

____

____

____

VIII. Interpretationsaspekte

Du hast Knösels Jugendkrimi nun nach unterschiedlichen Gesichtspunkten (Inhalt, Erzähltechnik, Figuren, Sprache) untersucht (analysiert). Als Nächstes sollen ausgewählte Aspekte des Romans unter die Lupe genommen und interpretiert werden. Bei der Interpretation geht es um die Auslegung der Bedeutung und des Sinns eines literarischen Textes, das heißt die Deutung, wie bestimmte Aussagen im Gesamtzusammenhang zu sehen und zu verstehen sind.

1. Titel und Untertitel des Romans

Aufgabe

Du hast dir vor Beginn des Lesens bereits Gedanken zum Titel und Untertitel des Jugendbuches gemacht (siehe auf Seite 5 deines Schülerarbeitsheftes). Nachdem du die Lektüre nun beendet hast, lohnt es sich, den Titel mit dem Untertitel genauer zu untersuchen (analysieren) und zu deuten (interpretieren).

a) Lies die beiden Informationstexte zu den Begriffen »Jackpot« und »Traum« und markiere wichtige Schlüsselwörter.

Was ist ein Jackpot?

Der Begriff »Jackpot« kann in drei Bedeutungen verwendet werden.

Zum einen handelt es sich dabei um eine spezielle Eröffnungsvariante des *Draw Poker*, bei der die Spieler vor dem Austeilen der Karten einen vereinbarten Betrag in den Pot, meist die Tischmitte, einzahlen, wo dann alle Einsätze der Spielrunde liegen. Im Anschluss daran teilt der Kartengeber (Dealer) die Karten aus und befragt die Spieler nacheinander, ob einer von ihnen mindestens zwei Buben (Jacks) erhalten hat. Der erste Spieler, auf den dies zutrifft, eröffnet das Spiel. Sollte kein Spieler diese Bedingung erfüllen, ist diese Spielrunde beendet, die Einsätze bleiben im »Jackpot«, und die Karten werden erneut ausgegeben. Der »Jackpot« bleibt so lange bestehen, bis ein Spieler eine Pokerrunde erfolgreich – mit dem Gewinn des gesamten Pots – abgeschlossen hat.

Zum anderen spricht man in Lotteriespielen bei einer hohen Gewinnquote von »Jackpot«, die dadurch entsteht, wenn es in einem oder mehreren Spielen zuvor keinen Gewinner gegeben hat, sodass sich der zu gewinnende Betrag stetig erhöht.

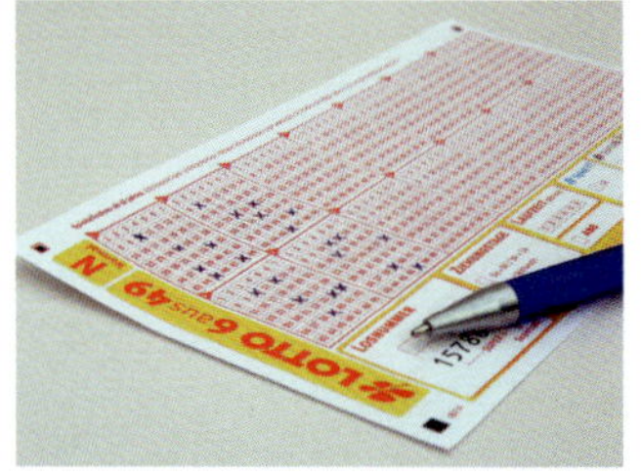

Als Letztes wird der Begriff »Jackpot« auch bei Spielautomaten wie dem *Einarmigen Banditen* in einer Spielbank verwendet. Vor jedem Spieleinsatz wird ein bestimmter Anteil in den Jackpot gelegt, der dann an den Automaten gewonnen werden kann.

Was ist ein Traum?

Der Duden definiert »Traum« als eine im Schlaf auftretende Abfolge von Vorstellungen, Bildern, Ereignissen, Erlebnissen, an die sich der Träumende meist nur teilweise oder gar nicht erinnern kann. Weiterhin bezeichnet »Traum« einen sehnlichen, unerfüllten Wunsch.

Quelle: Informationen entnommen aus Wikipedia und Duden online [eingesehen am 02.07.2018]

b) Auch in Stephan Knösels Roman kommen die Begriffe »Jackpot« und »Traum« an einigen Stellen vor. Lies dir die folgenden Textstellen noch einmal durch. Tausche dich zu jeder Textstelle mit einem Partner darüber aus, in welchem Zusammenhang die Begriffe dort verwendet werden.

c) Überprüfe im Anschluss daran, ob die Begriffe in ihrer definierten Bedeutung (siehe Aufgabenteil a)) oder metaphorisch, d. h. in übertragener Bedeutung, verwendet werden. Tragt eure Ergebnisse in die nachfolgende Tabelle ein.

Textstelle	Inhalt der Textstelle	definierte Bedeutung oder übertragene Bedeutung
»Jackpot«		
S. 60		
S. 118		
S. 129		
S. 147		
»Traum« bzw. »träumen«		
S. 14		
S. 267		

d) Überlege, ob und inwiefern der Begriff in den jeweiligen Textstellen in einem Zusammenhang mit dem Titel und dem Untertitel des Romans steht. Deute nun abschließend den Titel *Jackpot* und den Untertitel *Wer träumt, verliert*.

JACKPOT

Zusammenhang zwischen Titel und Textstellen:

Interpretation des Titels:

WER TRÄUMT, VERLIERT

Zusammenhang zwischen Untertitel und Textstellen:

Interpretation des Untertitels:

2. Interpretationsaussagen zum Roman

Aufgabe 1

Nachstehend findest du fünf Interpretationsaussagen zu unterschiedlichen Aspekten des Jugendbuchs *Jackpot – Wer träumt, verliert,* die von Leserinnen und Lesern geschrieben wurden.

a) Lies die Interpretationsaussagen und begründe ausgehend von deiner Textkenntnis zu jeder Aussage, warum eine solche Sichtweise jeweils möglich ist.

b) Vergleiche deine Begründungen mit denen eines Partners und tauscht euch darüber aus.

Dem Schriftsteller Stephan Knösel gelingt es, mit seinem Jugendbuch *Jackpot – Wer träumt, verliert* Jungen und Mädchen gleichermaßen zu erreichen.

Das ist richtig, denn ______________________________

____

Neben all der Spannung und Brutalität des Jugendkrimis ist er auch ein Buch über Freundschaft und Solidarität.

Diese Deutung ist möglich, weil ______________________________

____

Einerseits macht die Geschichte Jugendlichen Mut, das eigene Leben selbst in die Hand zu nehmen und sich nicht mit ihrem Schicksal abzufinden. Andererseits müssen die Leserinnen und Leser das Handeln der Figuren in dem Roman durchaus kritisch hinterfragen.

____

____

____

Die Vorgehensweise, die Katrin Menschick bei ihren polizeilichen Ermittlungen verfolgt, ist wenig realistisch.

____

____

____

Die Sprache des Romans ist trotz einiger Fremdwörter im Allgemeinen leicht verständlich und zeichnet sich durch eine Lebendigkeit und Alltagsnähe aus, die vor allem ein junges Publikum ansprechen.

____

____

____

Aufgabe 2 (Wahlaufgabe)

Verfasse selbst einen zusammenhängenden Text mit mindestens fünf begründeten Interpretationsaussagen. Du darfst auch Interpretationsaussagen aus Aufgabe 1 verwenden, wenn sie deine Meinung widerspiegeln. Aber du sollst für deinen Interpretationstext mindestens drei eigene Aussagen formulieren und begründen. Schreibe in dein Deutschheft.

IX. Autor, Text und Kritik

Abschließend bietet das Arbeitsheft dir noch die Möglichkeit, dich mit dem Autor Stephan Knösel zu beschäftigen und deine eigene Meinung zu seinem Jugendkrimi ‚Jackpot – Wer träumt, verliert' zu äußern.

1. Stephan Knösel – Der Autor und sein Werk

Aufgabe 1

a) Lies die beiden Informationstexte zu der Biografie und den Werken des Schriftstellers Stephan Knösel.

Biografie

© Christian Meckel

Stephan Knösel wurde am 28. Oktober 1970 in Bremen geboren. Heute schreibt er Kinder- und Jugendbücher sowie Drehbücher für Film und Fernsehen. Er lebt mit seiner Frau und seinen beiden Söhnen in München.

Nach seinem Abitur und seinem Wehrdienst bei der Bundeswehr begann er zunächst Jura an der Universität Konstanz zu studieren. Das Studium brach Knösel jedoch schon nach wenigen Wochen ab, weil ihn das Studieren nicht erfüllte. Anschließend arbeitete er in den 1990er Jahren in einer Videothek, wodurch er schon sehr früh seine Leidenschaft zum Film entdeckte. In dieser Zeit schrieb er bereits nebenbei und drehte mit Freunden immer wieder Kurzfilme in der Hoffnung, damit irgendwann einmal den Durchbruch in die Filmbranche zu schaffen. Die Mühen hatten sich gelohnt, denn im Jahr 2000 bekam er von der Drehbuchwerkstatt an der Hochschule für Fernsehen und Film (HFF) in München sein erstes Stipendium[1]. Ein halbes Jahr später unterschrieb er seinen ersten Vertrag als Drehbuchautor und ist hiermit seit 2001 freiberuflich tätig, insbesondere für den Bayerischen Rundfunk (BR).

Das literarische Schreiben brachte Knösel sich autodidaktisch[2] bei. Als sein bislang größter Erfolg gilt die filmische Umarbeitung von Friedrich Anis Jugendbuch *Wie Licht schmeckt* (2005), in dem es um die einfühlsame Liebesgeschichte zwischen einem blinden Mädchen und einem Jungen geht. Das Drehbuch schrieb Knösel zusammen mit dem Regisseur Maurus vom Scheidt. Der Film lief 2006 in den deutschen Kinos.

Als Knösel mit dem Schreiben von Romanen begann, hatte er ursprünglich nicht die Absicht, Kinder- und Jugendbuchautor zu werden. Er selbst sagt dazu: „Ich wollte mich einfach nur hinsetzen, um eine Geschichte über meine Jugend zu schreiben." Daraus entstand dann sein erstes Jugendbuch *Echte Cowboys*, das im Jahr 2010 im Kinder- und Jugendbuchverlag Beltz & Gelberg erschien. Für seinen Debütroman[3] erhielt er ein Literaturstipendium der Landeshauptstadt München, den Bayerischen Kunstförderpreis 2010 in der Kategorie »Literatur« und das Kranichsteiner Jugendliteratur-Stipendium 2011. In den darauffolgenden Jahren veröffentlichte Knösel zwei weitere Jugendbücher, darunter auch den Jugendkrimi *Jackpot – Wer träumt, verliert* (2012), und im Jahr 2018 sein erstes Kinderbuch *Master of Disaster – Chaos ist mein zweiter Name.*

Des Weiteren hat Knösel seit 2016 eine Stelle als Lehrbeauftragter an der Drehbuchwerkstatt der HFF München.

1 ***Stipendium***
finanzielle Unterstützung für Künstler, Sportler, Schüler oder Studenten mit dem Ziel der Begabtenförderung

2 ***autodidaktisch***
selbst angeeignet/beigebracht

3 ***Debütroman***
erstes Buch/Erstlingswerk eines Autors

Werke

In *Echte Cowboys* (2010, ab 13 Jahre) wird die Geschichte von drei jugendlichen Einzelgängern erzählt, die eines gemeinsam haben: Sie kommen alle drei aus zerrütteten Familienverhältnissen. Cosmo, Nathalie und Tom lernen sich nur kennen, weil sie zufällig zur richtigen Zeit am richtigen Ort sind. Der Roman spielt in München und dreht sich um Freundschaft, Lebensträume und Probleme der Großstadtkinder. Als ein Streit eskaliert, nimmt die Geschichte jedoch ein unerwartetes Ende.

Stephan Knösels zweiter Roman *Jackpot – Wer träumt, verliert* (ab 13 Jahre) erschien 2012 und wurde im Jahr darauf für den Deutschen Jugendliteraturpreis in der Kategorie »Preis der Jugendjury« nominiert. *Jackpot* ist ein actionreicher Jugendkrimi. Der 14-jährige Chris gerät völlig unerwartet in den Besitz von vier Millionen Euro, die aus dem Überfall auf einen Geldtransporter stammen. Doch es sind noch andere hinter dem Geld her, was zu einer turbulenten Jagd um den »Jackpot« führt.

Der Jugendroman *Das absolut schönste Mädchen der Welt und ich* (2015, ab 14 Jahre) zeigt den 17-jährigen Paul an einem Wendepunkt seines Lebens. Pauls Eltern leben getrennt. Nach einem Streit mit seiner Mutter sucht Paul Zuflucht bei seinem Vater in München und lernt dort Zoe, für ihn ohne Frage das schönste Mädchen der Welt, kennen. Es ist ein Buch über die emotionale Achterbahn jugendlicher Gefühle und die erste große Liebe.

Master of Disaster – Chaos ist meine zweiter Name (2018, ab 10 Jahre) ist eine kurzweilige und witzige Schul- und Freundschaftsgeschichte. Quentins schlimmster Albtraum wird wahr: Stella, die er schon in der Grundschule nicht leiden konnte, kommt nach den Sommerferien völlig unerwartet in seine Klasse auf der Gesamtschule. Mit der Hilfe seines Bruders Vincent versucht er alles daranzusetzen, dieses Desaster abzuwenden. Doch Stella weiß sich zu wehren und dreht den Spieß um.

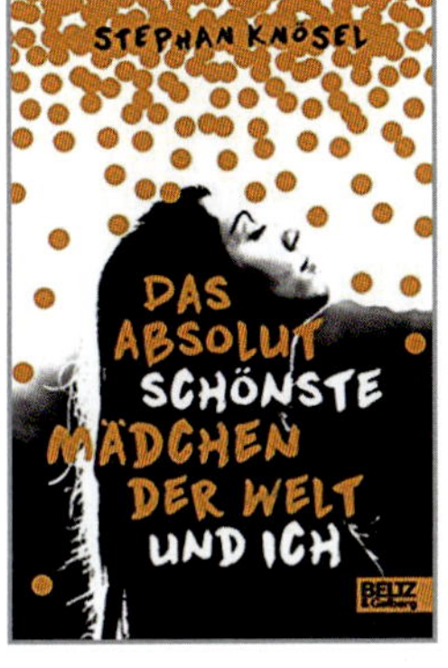

b) Erstelle eine Mindmap mit den Informationen zu Leben und Werk des Autors.

***Hinweis:** Du kannst dazu die Mindmap-Vorlage im Downloadbereich nutzen.*

c) Bereite mithilfe deiner Mindmap einen Kurzvortrag über Stephan Knösel vor.
***Tipp:** Sieh dir hierfür noch einmal die Kriterien für einen guten mündlichen Vortrag in deinem Schülerarbeitsheft auf der Seite 31 an.*

Aufgabe 2 (Wahlaufgabe)

Gestalte mithilfe der Informationen aus deiner Mindmap ein übersichtliches und anschauliches Plakat zu dem Schriftsteller Stephan Knösel. Du kannst dein Plakat mit Fotos oder eigenen Zeichnungen verschönern.

2. Nominierung für den Deutschen Jugendliteraturpreis 2013

Wie du vielleicht weißt, wurde Stephan Knösels Jugendbuch 2013 für den Deutschen Jugendliteraturpreis in der Kategorie »Preis der Jugendjury« nominiert. Der Deutsche Jugendliteraturpreis ist eine Auszeichnung, mit der herausragende Werke der Kinder- und Jugendliteratur gewürdigt werden. Der Jugendliteraturpreis wird in Deutschland seit 1956 jährlich verliehen. Jede Nominierung erfordert eine Begründung durch die Jury.

➲ Aufgabe 1

a) Lies die Jurybegründung und beschreibe, wie der Text allgemein aufgebaut ist (Sinnabschnitte).

____

____

b) Schreibe stichwortartig heraus, womit die Jury die Nominierung des Romans rechtfertigt. Stimmst du dieser Jurybegründung zu oder lehnst du sie ab? Begründe deine Entscheidung.

____

____

____

Jurybegründung

Chris hat kein einfaches Leben: Seine Mutter ist gestorben, sein Vater auf Entzug. So wohnt er allein mit seinem fast volljährigen Bruder – und muss dabei jeden Cent zweimal umdrehen. Als er beim Lauftraining in der Nähe seiner Wohnung einen Autounfall beobachtet, will er dem bewusstlosen Fahrer helfen, sucht den Erste-Hilfe-Kasten im Kofferraum und findet dort ein Mädchen. Sie bittet ihn, eine Tasche, die sie bei sich trägt, zu verstecken. Chris zögert, doch als sie ihm erzählt, in der Tasche sei eine Menge Geld und er bekäme eine Belohnung, willigt er ein. Am nächsten Tag versucht das Mädchen, Chris zu kontaktieren – ohne Erfolg. Und nicht nur sie will die Tasche finden. Auch die Polizei ist dem Geld auf der Spur.

Die Charaktere sind vielschichtig; niemand ist eindeutig gut oder böse. Chris etwa ist sympathisch, aber natürlich will er das Geld für sich und seinen Bruder behalten. Neben der leichten, ungezwungenen Sprache ist es vor allem die Erzählweise, die *Jackpot* so besonders macht. Stephan Knösel schafft es, die Handlung ständig in eine andere Richtung zu lenken. Nichts ist so, wie es scheint, immer wieder gibt es spannende Wendungen, an vielen Stellen wird der Leser an der Nase herumgeführt. Ein packender und actionreicher Roman, dessen Ende man so nicht erwartet hätte.

Quelle: http://www.djlp.jugendliteratur.org/preis_der_jugendjury-5/artikel-jackpot-3857.html [eingesehen am 18.07.2022]

➲ Aufgabe 2 (Wahlaufgabe)

Recherchiere im Archiv auf der Webseite des ‚Deutschen Jugendliteraturpreises' und finde heraus,

a) welche Romane im Jahr 2013 in der Kategorie »Preis der Jugendjury« neben *Jackpot – Wer träumt, verliert* noch nominiert waren.

b) welcher Roman im Jahr 2013 in der Kategorie »Preis der Jugendjury« Preisträger wurde, und informiere dich, worum es in diesem Roman geht.

c) welche Romane im aktuellen Jahr in der Kategorie »Jugendbuch« nominiert sind, und stelle eines dieser Jugendbücher kurz vor.

Link zur Recherche: https://www.jugendliteratur.org/suche-im-archiv/c-108

3. Deine Meinung, meine Meinung

Aufgabe 1

Auf einer Webseite mit Lesetipps für aktuelle Jugendbücher liest du in einem Internetblog die Leserkommentare von Josi und Nick, in denen sie ihre Meinung zu dem Roman abgeben. Welchen Aussagen stimmst du zu, welchen nicht? Kommentiere die Äußerungen der beiden, indem du deine Meinung dazu aufschreibst.

JOSI

18. Juli 2018 um 22:07 Uhr

Mir hat der Jugendkrimi gut gefallen, weil er voller unerwarteter Wendungen steckt und ein Ende hat, das man als Leser so nicht vermutet hätte. Allerdings finde ich die Kapiteleinteilung nicht gelungen, da einige sehr kurz und andere extrem lang sind. Recht interessant wiederum sind die Figuren, da sie sich nicht eindeutig in gut und böse einteilen lassen. Ein bisschen unrealistisch finde ich, dass Sabrina und Phil gleich sagen, dass sie sich lieben. Das geht mir wirklich zu schnell. Sie kennen sich ja gerade erst ein paar Stunden.

NICK

22. Mai 2018 um 15:01 Uhr

Das Versteckspiel, bei dem nicht nur die Polizei, sondern auch der Leser lange Zeit im Dunkeln tappt, hat mich besonders angesprochen. Das Buch befasst sich ja indirekt mit der Frage, wie Geld Menschen verändert. Darüber nachzudenken, fand ich interessant. Obwohl die verwendete Sprache stellenweise etwas unanständig ist, hat mich das nicht groß gestört. Dadurch wirkt das Geschriebene echt. Dass der Roman so plötzlich endet und man nichts Genaues erfährt, hat mir jedoch weniger gefallen. Ich hätte gerne gewusst, wie die Geschichte weitergeht.

Liebe Josi,

____

____

____

____

____

____

____

Lieber Nick,

____

____

____

____

____

____

____

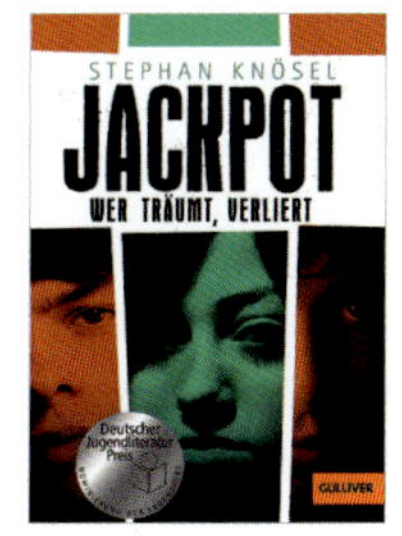

Aufgabe 2 (Wahlaufgabe)

Du hast den Auftrag, eine Buchbesprechung (Buchempfehlung) für die »Literaturecke« auf eurer Schulhomepage bzw. für eure Schulbibliothek zu schreiben. Verfasse hierzu einen eigenen Text zu Stephan Knösels Roman. Berücksichtige dabei deine persönlichen Erfahrungen mit dem Buch und die Ergebnisse aus der Arbeit mit diesem Schülerarbeitsheft. Schreibe deine Buchbesprechung mit einem Textverarbeitungsprogramm am Computer, alternativ kannst du sie auch in dein Deutschheft schreiben.

absurd sinnlos, widersinnig, unvernünftig
abwiegelnd besänftigend, beruhigend, beschwichtigend
Adrenalin Hormon, das in stressigen oder gefährlichen Situationen ausgeschüttet wird
Allee frz. Straße, die auf beiden Seiten von Bäumen gesäumt ist
al-Qaida arab. die Basis/das Fundament; islamisches Terrornetzwerk des organisierten Verbrechens
amüsant unterhaltsam, belustigend, vergnüglich
anbiedern sich aufdrängen, sich einschmeicheln, schöntun
apropos übrigens; was ... betrifft; zum Thema ...
Asos Asoziale, Asis
attestiert schriftlich bescheinigt, bestätigt
aufpoppen erscheinen, aufspringen (z. B. Symbol beim Eingang einer Nachricht auf dem Smartphone)
Aufwartung Höflichkeitsbesuch
Auge um Auge, Zahn um Zahn biblische Redewendung aus dem Alten Testament, die bedeutet, dass Gleiches mit Gleichem vergolten wird, d. h., was einem angetan wurde, tut man auch dem anderen an
authentisch echt, glaubwürdig
automatisch von selbst, unbewusst
Berserker wilder Krieger aus der nordischen Mythologie, kampflustiger Mann
Blackberry Mobiltelefonmarke eines kanadischen Herstellers
bluffen so tun, als ob; etwas vortäuschen, jemanden bewusst irreführen
Boyfriend cut weiter, lässiger Schnitt bei Hosen
Brainstorming engl. „Gehirnstürmen“; Methode zum Sammeln von Ideen zur Lösung eines Problems
Buggy zusammenklappbarer Kleinkinderwagen, in dem Kinder sitzend gefahren werden
Bullshit engl. „Rinderscheiße“; vulgärsprachlich für Unsinn, Schwachsinn
Bullaugen kreisförmige Fenster, oft bei Schiffen
Charlie Chaplin britischer Schauspieler, Regisseur, Drehbuchautor, Komiker, lebte von 1889 bis 1977
charmant liebenswürdig, bezaubernd
chartern ein Schiff/ein Flugzeug mieten
Chino dünne Sommerhose aus Baumwollstoff
Colt Seavers Hauptfigur (im Film von Beruf Stuntman) einer Actionserie der 1980er Jahre
Demenz Gehirnkrankheit, die zu einem Verlust der geistigen Leistungsfähigkeit führt (z. B. Erinnerungsvermögen, Orientierung)
dezent nicht auffallend, unaufdringlich, vornehm-zurückhaltend
Domina Frau, die gegen Bezahlung quälende Handlungen an einem Mann verübt, die erotische Lust bei diesem hervorrufen
Dreckschliere schmieriger Streifen aus Dreck
dreist frech, unverschämt, ungeniert, ohne Hemmungen
Dr. House US-amerikanische Fernsehserie über den Arzt Dr. Gregory House in den Jahren 2004 bis 2012
Duplexparker Doppelparker, Parksystem in Tiefgaragen, bei dem mehrere Autos auf verschiedenen Ebenen übereinander geparkt werden
Ebola höchst ansteckend und meist tödliche, durch Viren verursachte Krankheit auf dem afrikanischen Kontinent
Emblem Zeichen, Sinnbild, Logo
Erektion Versteifung und Aufrichtung des Penis
Exhibitionist Person, die sich vor anderen nackt zeigt und dabei sexuelle Lust verspürt
Fast and the Furious Actionfilmreihe, in der es unter anderem um illegale Autorennen geht
Favorit „Liebling“
feministisch sich für die Rechte (z. B. Gleichberechtigung) der Frauen einsetzend/kämpfend
flagranti in flagranti, auf frischer Tat/überraschend ertappt
fontänenartig wie ein starker aufsteigender Wasserstrahl (Fontäne)
gekidnappt als Geisel genommen; entführt, um Lösegeld zu erpressen,
Getto/Ghetto abgetrenntes, isoliertes Stadtviertel, in dem eine bestimmte Gruppe von Menschen lebt
gelinkt ausgetrickst, getäuscht, hereingelegt
Good-Cop-Bad-Cop-Spiel engl. „Guter Bulle, böser Bulle“; psychologische Taktik bei Verhören der Polizei
Google Earth kostenlose Software zur virtuellen 3D-Darstellung der Erde
Gotteskrieger Person, die mit kriegerischen/terroristischen Handlungen versucht, religiös (meist islamistisch) motivierte Ziele durchzusetzen, um im Jenseits dafür belohnt zu werden
Greenpeace internationale Umweltschutzorganisation
Hacky-Sack kleines mit Granulat oder Sand gefülltes Säckchen zum Spielen mit dem Fuß
Harakiri/Hara-Kiri rituelle, ehrenvolle Art der Selbsttötung (Suizid), ursprünglich aus Japan stammend
Hardshell hartes, festes Material aus Kunststoff, z. B. Hartschalenkoffer
Hasenbergl Feldmoching-Hasenbergl, Stadtbezirk 24 im Norden Münchens, gilt immer noch als sozialer Brennpunkt der Stadt München
Idealismus Begeisterung und Leidenschaft bei der Verwirklichung der eigenen Ziele und Ideen
ignorieren nicht beachten, absichtlich übersehen
improvisieren etwas ohne Vorbereitung tun
Indiana Jones Titel/Hauptfigur (im Film Archäologe) einer US-amerikanischen Abenteuerfilmreihe
inoffiziell nicht amtlich/öffentlich
irritiert verwirrt, verwundert, verdutzt
Jerry Lee Lewis US-amerikanischer Rock'n'Roll Musiker, geboren 1935
Jesustrip „auf einem Jesustrip sein“, d. h. gutmütig sein, mit Nächstenliebe erfüllt sein
Kalaschnikow russisches Maschinengewehr, benannt nach seinem Erbauer Michail Kalaschnikow, charakteristisch ist das nach vorne gebogene Magazin
Kaliber Außendurchmesser eines Geschosses, hier ein anderer Schlag Mensch
katapultieren schleudern, schnellen
Klitsche kleiner ärmlicher Betrieb
klobig massig, wuchtig, klotzig
Komplize Mittäter, Hefer bei einer Straftat
Kolonne Gruppe/Truppe/Einheit, die hintereinander geht/fährt, oft mit Autos
Komparsen Schauspieler mit einer kleineren Rolle im Film
Kompliment lobende, schmeichelnde Äußerung
kooperieren zusammenarbeiten, Hand in Hand arbeiten
Kriegstrauma starke psychische (seelische) Erschütterung, die durch Erfahrungen im Krieg hervorgerufen wurde und noch lange Zeit nachwirkt
Krimskrams wertloses Zeug, Gerümpel
L. A. Los Angeles, Stadt in Kalifornien (USA)
la vida loca span. das wilde/verrückte Leben
Leatherman klappbares Multifunktionswerkzeug für die Hosentasche
legal rechtmäßig, gesetzlich erlaubt
Leukoplast medizinisches Klebeband/Fixierpflaster
licht dünn bewachsen, lichtdurchflutet
Lobby Vor- oder Empfangshalle in einem Gebäude (z. B. in Hotels oder Krankenhäusern)